MI CUADERNO

PENSAMIENTO POSITIVO

VER SIEMPRE LA VIDA CON OPTIMISMO ES POSIBLE

CÉCILE NEUVILLE

ILUSTRACIONES: BÉNÉDICTE VOILE (INTERIOR)
E ISABELLE MAROGER (PORTADA)

terapias**verdes**

ÍNDICE

Introducción

Las revistas femeninas no dejan de hablar de la gran tendencia del momento y hasta tú misma estás fascinada... ¡Te lanzas a la psicología positiva! ¿Estás harta de ver el vaso medio vacío y tienes ganas de ver la vida color de rosa? ¡Allá vamos! ¡Has elegido bien y nadie puede decirte lo contrario!

Te preguntas cómo hacen esas personas que siempre parecen felices, que mantienen la sonrisa pase lo que pase. ¡Su vida parece mágica, todo parece simple para ellas! ¿Acaso han nacido con un gen positivo? ¿Han seguido cursos de felicidad? ¿O solamente están bien rodeadas?

Esto es lo que la ciencia estudia desde hace unas décadas. Ahora te proponemos, gracias a la psicología positiva, algunas claves para ayudarte a comprender, aprender y aplicar ese famoso optimismo cotidiano.

En este cuaderno encontrarás las claves prácticas para ayudarte a cultivar esta nueva manera de ver la vida. Gracias a unos pequeños tests, aprenderás a conocerte mejor y a tener una mirada más positiva sobre ti misma, identificando cómo debes hacer para mejorar y sentirte mucho mejor. Reforzarás tu positivismo natural. ¡La buena noticia es que posees en ti todo lo que hace falta para deleitar tu propia existencia!

Tienes talentos, un gran potencial para desarrollar y, tras algunas semanas de coaching positivo que te proponemos sabrás poner esos talentos al servicio de ese potencial. ¡El futuro te pertenece! Al abrir este cuaderno ya has dado un primer paso hacia una vida cada día más feliz!

¡Que lo positivo te acompañe!

Capítulo 1

Mi situación positiva actual

De hecho, ¿qué es el pensamiento positivo?

¡Lo has decidido y quieres más optimismo en tu vida! Has oído hablar del pensamiento positivo y sabes que sin duda es LA solución. Vamos a comenzar y ya verás si funciona o no. Después de todo, no hay nada que perder y todo por ganar, ¿verdad? A lo sumo, te quedarás como estás… Pero no te engañes, ¡no todo es tan simple! ¿Pensamiento positivo? ¿Psicología positiva? ¿Cuál es la diferencia? ¿Cómo podrán ayudarte estas técnicas?

Estoy bien, ¿todo va… bien?

Originalmente, el doctor Émile Coué, padre del pensamiento positivo por la auto-sugestión, aconsejaba repetirse veinte veces por día delante del espejo el siguiente mantra: «Todos los días, desde todo punto de vista, estoy cada vez mejor». Su famoso método consiguió numerosos adeptos y aún conserva muchos en todo el mundo. Pero, si fuera tan fácil, ¿por qué no todo el mundo ve la vida color de rosa?

A principios del siglo XXI: la ciencia comenzó a interesarse por el pensamiento positivo y los investigadores canadienses decidieron evaluar el impacto real del método Coué. Los resultados son sorprendentes: la autosugestión positiva influencia positivamente el humor de personas que tienen ya una buena estima de sí mismos. Pero… influencia negativamente el estado de ánimo de las personas que no tienen estima de sí mismos. ¡Repetirse unas frases en las que no se cree sinceramente, puede tener un efecto perverso sobre el humor!

¿Qué es la psicología positiva?

¿Cómo desarrollar un pensamiento positivo? Martin Seligman, el padre de la psicología positiva, ha identificado los requisitos y las prácticas que desarrollan verdaderamente ese estado de ánimo que favorece la realización personal y la felicidad.

Según su teoría de la verdadera felicidad, son esenciales 3 puntos:

- **¡Ten una vida agradable!**

Multiplica las ocasiones que te permiten vivir emociones positivas en tu cotidianeidad, como la alegría, la risa, el entusiasmo, el deslumbramiento, el amor o la ternura.

- **¡Ten una vida comprometida!**

Multiplica las actividades en las que te sientes a la altura de la tarea, utilizando tus fuerzas y en actividades que te procuren esa sensación de «fluir» como un artista en plena creación.

- **¡Ten una vida llena de sentido!**

Multiplica las ocasiones para actuar de acuerdo a tus valores, tus ambiciones y con la sensación de contribuir a algo más grande que tú.

Si bien el 50% de tu positivismo proviene de tu herencia genética y familiar y un 10% depende directamente de tu entorno, te queda un margen de maniobra del 40% para desarrollar tu optimismo. A este nivel, nuestro cuaderno te ayudará.

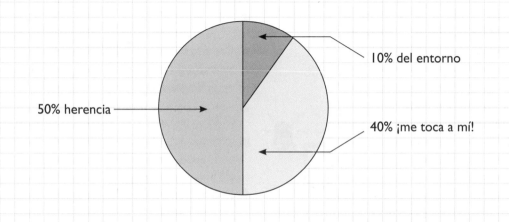

10% del entorno

50% herencia

40% ¡me toca a mí!

Mi coaching pensamiento positivo

Así como la psicología intenta curar el sufrimiento, la psicología positiva propone simplemente reforzar tus talentos y tus fuerzas para vivir más feliz. ¡Este coaching positivo te acompañará en la búsqueda de tus talentos, tus fuerzas y tus soluciones para llevar esta vida más agradable, comprometida y llena de sentido! No vale la pena perder el tiempo escondiendo imperfecciones y fragilidades. Ha llegado la hora de despertar tus capacidades y aprovechar plenamente cada instante. ¡Tienes el germen de la actitud positiva dentro de ti y es el momento de cultivarlo!

Evidentemente, aun siendo 100% positiva, siempre encontrarás dificultades. El mundo sigue siendo el mismo, la existencia no se convertirá de repente en una comedia romántica. Pero tu nueva mirada positiva te permitirá transformar un problema en una oportunidad. ¡Y todo será más fácil!

Test: ¿Eres optimista por naturaleza?

Haz este test para saberlo. ¡A escribir!

1. Has obtenido un resultado excelente en un examen:

● ¡Lo has hecho bien y estás orgullosa!
◆ ¡Es normal, habías estudiado mucho!
■ El examen era fácil, simplemente tuviste suerte.

2. Al despertar, tienes por costumbre:

● Alegrarte, cuando abres los ojos por esta nueva jornada que comienza.
■ Protestar, porque aún no tienes ganas de levantarte.
◆ Simplemente, levantarte cuando suena el despertador.

3. Te enteras de una mala noticia en el trabajo. Cuando vuelves a casa:

◆ Te aíslas para calmarte…
● Aprovechas para hablar con tu familia ¡para que te apoyen!
■ Nadie puede comprenderte, ¡seguro que habrá una pelea!

4. Tus noches son

● ¡Relajantes y reparadoras!
■ Interminables a causa del insomnio…
◆ A veces interrumpidas por una pesadilla, un poco de hambre o ganas de ir al lavabo

5. Esta mañana, el coche no arranca:

◆ Son cosas que pasan, llamas al mecánico y reorganizas el día.
■ Ya está, la mala suerte continúa…
● Vamos, será una buena ocasión para caminar.

6. En pleno día de trabajo, tu hermana te llama y te anuncia que vas a tener un sobrino

● ¡Oh, una buena noticia que embellecerá tu jornada!
■ ¡No es el buen momento, tienes trabajo! «¡Hubiera podido esperar a la noche para darme la noticia!»
◆ Esta noche, tratarás de enviarle un SMS para felicitarla.

7. Tu equipo ha perdido tras una equivocación tuya:

◆ Te disculpas y prometes entrenarte mejor para la próxima vez.
● Si se entrenan mejor, algún día tu equipo ganará.
■ Culpabilizas mucho, seguramente tu equipo te detesta…

8. Has elegido tu oficio

- ● ¡Por pasión o vocación!
- ◆ Por eliminación, después de una primera selección.
- ■ Por obligación, para ganar con qué vivir.

9. Una amiga a quien no has visto desde hace mucho tiempo te invita al restaurante:

- ■ Bah… debe querer que le perdone algo o bien me pedirá un favor.
- ● ¡Genial, reanudaremos nuestra amistad!
- ◆ Qué bien, seguramente pasaré una velada excelente.

10. Tú sueñas con un mundo:

- ■ ¡En el que todos los asesinos y delincuentes estuvieran encerrados!
- ◆ En el que la justicia reinaría naturalmente.
- ● ¡En el que todo el mundo sería feliz!

Haz tus cuentas

◆	●	■

Tienes una mayoría de ■: *¡Te convertirás en una optimista!*

¡Tienes conciencia de que este cuaderno te ayudará a ver la vida bajo otro aspecto y desarrollar tu optimismo! ¡Estás cansada de luchar contra vientos y mareas y sientes que ha llegado el momento de seguir los impulsos que llevan a positivar! Dormirás mejor, y tanto tus d0ías como tus noches serán más agradables. Te sentirás más ligera en tus relaciones y por fin te atreverás a tomar decisiones para tu propia felicidad.

Tienes una mayoría de ◆: *¡Eres una optimista realista!*

Has encontrado un justo equilibrio entre tu optimismo y tu realismo. Ningún obstáculo te impedirá avanzar. Pero quizás lo podrías superar con más optimismo y una sonrisa. Sin duda consigues gestionar bien tus relaciones, como tu empleo del tiempo, pero ¿consigues darte placer y aprovechar la vida al 100%? Este cuaderno te ayudará a afianzar tu positivismo y a franquear un paso suplementario hacia una verdadera vida feliz. ¡Deja espacio para las gafas rosadas!

Tienes una mayoría de ●: *¡Eres naturalmente una Pequeña miss Sunshine!*

En este caso, ¡bravo! ¡Tu optimismo bate récords! Sonríes a la vida y ella te lo devuelve. Lo esencial, para ti, es aprovechar cada instante, sacar el máximo placer y sentido y es también lo que deseas para todo el mundo. Este cuaderno te gustará, porque te dará muchas ocasiones para practicar tu filosofía de la vida. Encontrarás nuevas ideas para mantener viva esa actitud positiva mientras te diviertes. Como un jardín, cuidando ese rasgo positivo, cosecharás los más hermosos frutos.

¿Preparada, lista?
¡Autoevaluación de salida!

Antes de iniciar el camino hacia un nuevo destino, es importante evaluar tu estado de ánimo. ¿De dónde sales? ¿Adónde quieres llegar? Tómate algunos instantes para preparar tu viaje hacia una vida más positiva y agradable.

Los medios de comunicación declaran regularmente que Francia, por ejemplo, es el país más pesimista de Europa. Pero, ¿qué es el optimismo y el pesimismo? De manera tradicional, ser optimista es sentirse confiado en el resultado positivo de un acontecimiento mientras que el pesimismo es más bien esperar lo peor. Entonces, concretamente, en tu vida de cada día, ¿cómo evaluar tu optimismo o tu pesimismo? ¿O cómo saber si eres positiva contigo misma? La actitud positiva es también positivar la relación contigo misma. ¿Eres pulóver gris y bolso lleno de tristeza? ¿O más bien vestido floreado y sonrisa brillante? Para conocer qué parte de miss Sunshine o de doctor Sad llevas en ti misma, comienza por responder a esta serie de preguntas intuitivas.

¿Soy una persona positiva?

¿Cómo evalúas tu nivel de pensamiento positivo en este momento?

| 1 | 2 | 3 | 4 | 5 | 6 | 7 | 8 | 9 | 10 |

QUÉ ASCO · BAH · ¡SÍ! · ¡YUPI! · PÉSIMO

¡Científicamente demostrado!
Los factores como el humor del momento, el clima del día o el entorno influyen directamente en las respuestas a este tipo de autoevaluación subjetiva. Pero esas distorsiones desaparecen cuando se toma conciencia. Para responder lo más objetivamente posible, debes estar atenta a tu estado de ánimo, al clima, a quienes te rodean y a su impacto sobre ti. Antes de escribir, respira profundamente 3 veces. ¿Tienes las ideas más claras? ¡Entonces, vamos, responde lo más sinceramente posible!

¿Soy capaz de reconocerme puntos positivos?

Mi cuerpo. Escribo 3 cosas que me gustan de mi aspecto físico.

1 ....
2 ....
3 ....

Mi mente. Escribo 3 cosas que me gustan de mi personalidad.

1 ....
2 ....
3 ....

✏️ **Mi corazón.** Escribo 3 cosas que me gustan en mis emociones y sentimientos.

1 ....
2 ....
3 ....

✏️ **Mis relaciones.** Escribo 3 cosas que me gustan en mis relaciones.

1 ....
2 ....
3 ....

¿Soy capaz de ver (un poco) la vida color de rosa?

✏️ **Mi pasado.** Escribo 3 acontecimientos positivos que he vivido.

1 ....
2 ....
3 ....

✏️ **Mi planeta.** Escribo 3 puntos positivos de nuestro mundo actual.

1 ....
2 ....
3 ....

✏️ **Mi presente.** Escribo 3 cosas positivas de mi vida actual.

1 ....
2 ....
3 ....

✏️ **Mi futuro.** Escribo 3 de mis expectativas positivas para el futuro.

1 ....
2 ....
3 ....

¿No resulta fácil?
No te preocupes, el pensamiento positivo es un poco como la bici; al principio no resulta fácil pero a fuerza de motivación y de entrenamiento, ¡se vuelve totalmente natural! ¡Y tu «Cuaderno Pensamiento positivo» está aquí para ayudarte!

Resultados

Has conseguido encontrar 3 elementos positivos por tema: ¡Bravo! Has establecido una cierta relación positiva contigo misma. El ejercicio quizás ha sido difícil pero no debes preocuparte: los desafíos del coaching son fáciles. Aunque aún te queda camino por recorrer hacia una vida realizada, ¡sales con ventaja!

No has conseguido encontrar 3 elementos positivos por tema: Mereces ser más generosa contigo misma. ¡Positivar te hará mucho bien! ¡Comienza tu coaching sin tardanza!

¿Hasta qué punto me siento motivada para ser más positiva?

¿A veces te dejas ir y eres negativa? El test más conocido sobre este tema es el test del vaso de agua: ¿lo ves medio vacío o medio lleno? Con un pensamiento muy positivo, podrás verlo casi completamente lleno: medio lleno de agua y medio lleno de aire. ¡Aunque no lo veas, el aire existe!

«Antes»

→ Pinta el vaso tal como lo ves al abrir este cuaderno.

Antes que nada, hay que comenzar por poner intención. ¡Y si tienes entre tus manos este cuaderno «Pensamiento positivo» ya es buena señal! ¿Pero cuál es tu nivel de motivación? ¿Hasta qué punto tienes ganas de aportar más positivo a tu vida?

→ Vuelve a pintar el vaso de la manera en que quisieras encontrarlo cuando termines este cuaderno

«Después»

¡Estoy motivada!

Evalúa tu nivel de motivación para volverte positiva ahora mismo.

| 1 | 2 | 3 | 4 | 5 | 6 | 7 | 8 | 9 | 10 |

→ La motivación es la importancia que se da a nuestro objetivo, nuestro proyecto y también y antes que nada una de las principales claves de nuestro éxito. Entonces, si tu motivación no es superior a 7, tu primer objetivo debería ser estimularla

¡Busca y encontrarás!
Un pequeño ejercicio para ilustrar la importancia de la intención.
• Mira a tu alrededor y busca todas las cosas de color azul.
• Sin abrir los ojos…Vuelve a pensar en todas las cosas azules y cuéntalas en tu cabeza.
• Resultado: recuerdas más objetos azules que verdes. ¡Siempre se encuentra lo que se busca!

Capítulo 2
Mis objetivos positivos

Haber decidido positivar es muy buena idea. Pero si te quedas ahí, ¿conseguirás optimizar tu coaching? ¡Precisa bien tus necesidades. Para esto, establece claramente los objetivos.

Establezco objetivos de coaching

¡Un objetivo eficaz debe ser EMARTEP!

E = Específico (preciso, claro, concreto)
M = Medible (se puede evaluar si se ha alcanzado el objetivo en el plazo previsto
A = Accesible (a tu alcance, posible de realizar en lo absoluto)
R = Realista (realizable en las condiciones del momento)
T = Temporalmente definido (con un comienzo, una duración, una frecuencia)
E = Entusiasmante (¡te dará placer solo de pensarlo!)
P = Positivo (debe ser positivo para ti, para los demás, para el mundo…)

Identifico mi sueño positivo de vida

Tu objetivo debe responder a un deseo profundo. Tus mayores deseos son tus sueños de vida.

¡Científicamente demostrado!
Soñar es un factor de felicidad: una multitud de investigaciones en psicología positiva demuestran que proseguir objetivos personales proporciona felicidad.
Sueños y objetivos dan sentido a nuestra vida, motivan nuestra cotidianeidad, llevan a aprender y a superarnos y contribuyen así a una vida más positiva.

¿Cómo reconocer tu sueño de vida?

Tómate algunos minutos con los ojos cerrados para volver a pensar en lo que piensas hacer de tu vida. Recuerda lo que querías hacer cuando eras niña, los sueños que tuviste en diferentes épocas de tu vida y a qué aspiras hoy. Luego, describe con pocas palabras tu principal sueño de vida.

....

....

....

....

Establezco mi pilar de vida más importante

Según tu opinión, ¿qué dominio de tu vida debes positivar para alcanzar tu sueño de vida? Marca la propuesta que corresponde mejor entre las que te proponemos.

❏ Reforzar lo positivo en mí (optimismo, visión de las cosas)

❏ Reforzar lo positivo en mi vida amorosa

❏ Reforzar lo positivo en mi vida familiar

❏ Reforzar lo positivo en mis relaciones

❏ Reforzar lo positivo en mi vida profesional

❏ Reforzar lo positivo en mi vida personal (aficiones, placeres, relajación…)

❏ Reforzar lo positivo en mi relación conmigo misma (confianza, estima…)

❏ Reforzar lo positivo en mi gestión de lo cotidiano (dinero, tiempo…)

❏ Reforzar lo positivo en mi higiene de vida (cuerpo, salud, sueño…)

❏ Reforzar lo positivo en mi relación con el mundo (sociedad, medioambiente…)

❏ Reforzar lo positivo en mi vida en general (equilibrio, estabilidad, serenidad…)

Cualquiera que sea la propuesta que has marcado, ¡tu objetivo es realizable! ¡Memorízalo y ten siempre a mano tu *Cuaderno Pensamiento positivo* para guiarte!

¡Científicamente demostrado!
El cerebro humano evoluciona sin cesar. Gracias al entrenamiento también se puede, real y concretamente, transformarlo, crear nuevas vías neuronales y modificar nuestra manera de pensar así como nuestros comportamientos.

Establezco un objetivo medible

¿Qué nivel de pensamiento positivo quieres alcanzar para realizar tu objetivo y concretizar tu sueño de vida?

| 1 | 2 | 3 | 4 | 5 | 6 | 7 | 8 | 9 | 10 |

Me comprometo hacia un objetivo positivo personal

Ahora que has identificado tu pilar de vida clave y has fijado un nivel de positivo a alcanzar, has encontrado tu OBJETIVO POSITIVO PERSONAL. ¡Escríbelo!

Mi objetivo personal es estimular lo positivo en (ese pilar de vida) …………… hasta alcanzar el nivel de optimismo …. para realizar mi sueño de………………………………………… …………………………………………

Si tienes varios sueños o varios objetivos, podrás recomenzar este coaching tantas veces como quieras.

Capítulo 3
¡Identifico mis fuerzas para positivar!

Ahora que ya has determinado tu objetivo positivo, tienes que pasar a la acción. Para elegir el coaching que te conviene, ¡determina cuál es tu factor X de felicidad!

Test: ¿Cuál es mi fuerza natural para positivar?

El principio de la psicología positiva es desarrollar tus fuerzas positivas naturales. Tú tienes un potencial positivo. Tienes las herramientas innatas para positivar pero no siempre las utilizas en ese sentido. ¿Qué fuerza será la palanca de tu actitud positiva? ¿La sabiduría? ¿El coraje? ¿La humanidad? ¿La justicia? ¿La moderación? ¿La trascendencia? ¿Qué tipo de personalidad positiva tienes? ¡Para saberlo, haz el test de las fuerzas de carácter de Seligman!

Escribe lo más honesta y sinceramente posible cómo evalúas esas fuerzas de carácter en ti. El 1 corresponde a «no me reconozco en absoluto» en esta descripción y el 10 a «me reconozco totalmente en esta descripción».

¡Científicamente demostrado!

Algunas fuerzas de carácter son comunes a las personas más felices y están menos presentes en quienes no lo son. Los equipos de investigación de Marie Seligman y Christopher Peterson, dos grandes personalidades de la psicología positiva, han identificado 24 fuerzas talentos o cualidades humanas propicias a la felicidad, que han repartido en 6 grandes virtudes.

Si bien todos poseemos un mínimo de cada una de esas fuerzas, hemos desarrollado una virtud más particularmente que otras. ¿Cuál es la tuya?

1. Creatividad, ingeniosidad y originalidad

| 1 | 2 | 3 | 4 | 5 | 6 | 7 | 8 | 9 | 10 |

Te gusta encontrar una manera innovadora, o sorprendente, de hacer o presentar las cosas. Para ti esa diferencia es esencial y nunca te falta imaginación para conseguirlo.

2. Coraje y valentía

| 1 | 2 | 3 | 4 | 5 | 6 | 7 | 8 | 9 | 10 |

Eres una persona valiente, que no retrocede ante la amenaza, los desafíos, las dificultades o el dolor. Alzas la voz a favor de lo que es justo, incluso si debes afrontar una resistencia. Actúas de acuerdo con tus convicciones.

3. Esperanza, optimismo y anticipación del futuro

| 1 | 2 | 3 | 4 | 5 | 6 | 7 | 8 | 9 | 10 |

Esperas beneficios en los tiempos venideros y trabajas para obtenerlos. Crees que tienes poder para actuar sobre el futuro, para construirlo.

4. Modestia y humildad

| 1 | 2 | 3 | 4 | 5 | 6 | 7 | 8 | 9 | 10 |

No tratas de estar en primer plano y prefieres que tus actos hablen por sí mismos. No te consideras como alguien especial, y los demás reconocen y aprecian tu modestia.

5. Dominio de sí mismo y autorregulación

| 1 | 2 | 3 | 4 | 5 | 6 | 7 | 8 | 9 | 10 |

Controlas con toda conciencia tus sentimientos y tus actos. Sabes demostrar disciplina. Eres tu quien controla tus apetitos y tus emociones y no lo contrario.

6. Espiritualidad, religiosidad, objetivo en la vida y fe

| 1 | 2 | 3 | 4 | 5 | 6 | 7 | 8 | 9 | 10 |

Tienes creencias fuertes y coherentes en lo que se refiere a la razón de ser del Universo y el poder superior que lo rige. Conoces tu lugar en el Gran Designio. Tus creencias motivan tus acciones. Para ti, son fuente de bienestar y de consuelo.

7. Curiosidad e interés en el mundo

| 1 | 2 | 3 | 4 | 5 | 6 | 7 | 8 | 9 | 10 |

Todo te interesa. Siempre preguntas y encuentras que todos los temas y todas las materias pueden ser fascinantes. Te encantan la exploración y los descubrimientos.

8. Asiduidad, aplicación y perseverancia

| 1 | 2 | 3 | 4 | 5 | 6 | 7 | 8 | 9 | 10 |

Trabajas duro para terminar lo que empiezas. En cualquier tipo de proyecto realizas el trabajo en el mínimo de tiempo. No te dejas distraer y obtienes una gran satisfacción por las tareas cumplidas.

9. Inteligencia social

`I  2  3  4  5  6  7  8  9  I0`

Eres consciente de los sentimientos de los otros y de lo que los motiva. Sabes cómo adaptarte a los diferentes grupos y sabes cómo hacer sentir cómodos a los demás.

10. Perdón

`I  2  3  4  5  6  7  8  9  I0`

Siempre das una segunda oportunidad. Nunca piensas en la venganza.

11. Liderazgo (capacidad para dirigir, mandar, guiar, inspirar)

`I  2  3  4  5  6  7  8  9  I0`

Eres impecable cuando se trata de dirigir: alentar a un grupo, mantener la armonía, de manera que nadie se sienta excluido. Estás dotada para organizar actividades y vigilar su buen funcionamiento.

12. Sentido estético y gusto por la excelencia

`I  2  3  4  5  6  7  8  9  I0`

Siempre adviertes y aprecias la belleza, la excelencia o las capacidades en todos los dominios de la vida, desde la naturaleza hasta las artes, pasando por las matemáticas, las ciencias y la vida cotidiana.

13. Discernimiento, pensamiento crítico y apertura de espíritu

`I  2  3  4  5  6  7  8  9  I0`

Reflexionar bien y examinar las cosas bajo todos sus aspectos es uno de los puntos importantes de tu personalidad. No sacas conclusiones apresuradas y no te apoyas solo en certezas para tomar tus decisiones.

14. Honestidad, integridad y sinceridad

`I  2  3  4  5  6  7  8  9  I0`

No solo dices la verdad, sino que vives de manera honesta, sincera y auténtica. Sabes mantener los pies en la tierra sin pretensiones. Eres alguien de verdad.

15. Amabilidad y generosidad

`I  2  3  4  5  6  7  8  9  I0`

Nunca estás demasiado ocupada para hacer un favor. Te gustan las buenas acciones para los demás, incluso si no los conoces bien.

16. Humor y entusiasmo

`I  2  3  4  5  6  7  8  9  I0`

Te gusta reír y bromear. Para ti son importantes la alegría y el buen humor. Tratas de ver el buen lado de las cosas en cualquier situación.

17. Imparcialidad, equidad y justicia

`| 1 2 3 4 5 6 7 8 9 10 |`

Tratar a la gente con equidad es uno de tus principios permanentes. No dejas que tus sentimientos personales influyan en las decisiones que afectan a los demás. Das posibilidades a todos.

18. Amor al estudio, al aprendizaje

`| 1 2 3 4 5 6 7 8 9 10 |`

Te encanta aprender, ya sea con un objetivo profesional o personal. Siempre te gustaron la escuela, la lectura, los museos.
Estés donde estés siempre encuentras la oportunidad de cultivarte.

19. Sabiduría, sentido común y madurez

`| 1 2 3 4 5 6 7 8 9 10 |`

Aunque no te consideres una sabia, tus amigos te ven así. Sienten mucho aprecio por tu capacidad a tomar distancia y se vuelven hacia ti cuando necesitan consejo. Tienes una manera de ver las cosas que se percibe como una visión llena de sentido común y madurez.

20. Alegría de vivir, entusiasmo, vigor y energía

`| 1 2 3 4 5 6 7 8 9 10 |`

Cualquiera que sea la tarea que te confíen, la harás con pasión y energía. No haces las cosas a medias y no haces nada sin entusiasmo. Para ti, la vida es una aventura.

21. Gratitud

`| 1 2 3 4 5 6 7 8 9 10 |`

Eres consciente de los beneficios que te ofrecen y nunca consideras que te los deban. Tus amigos y los miembros de tu familia saben que eres una persona agradecida, porque siempre te tomas el tiempo de reconocerlo.

22. Precaución, prudencia y discreción

`| 1 2 3 4 5 6 7 8 9 10 |`

Eres alguien muy prudente. No haces ni dices nada que puedas lamentar después.

23. Capacidad de amar y de ser amada

`| 1 2 3 4 5 6 7 8 9 10 |`

Das mucha importancia a las relaciones íntimas con los otros, en particular aquellas con las cuales son recíprocas la confianza y la atención. Las personas que sientes próximas también te aprecian mucho.

24. Ciudadanía, trabajo de equipo y fidelidad

`| 1 2 3 4 5 6 7 8 9 10 |`

Eres excelente en medio de un grupo. Eres una amiga fiel y respetuosa, siempre realizas tu parte del trabajo y trabajas duro por el éxito del equipo.

Contabilizo mis puntos

	Sabiduría	Valentía	Humanidad	Justicia	Moderación	Trascendencia
	1:	2:	9:	11:	4:	3: ....
	7:	8:	15:	17:	5:	6: ....
	13:	14:	23:	24:	10:	12: ....
	18:	20:			22:	16: ....
	19:					21: ....
Total:						
Media	Total/5=	Total/4=	Total/3=	Total/3=	Total/4=	Total/5=

Has obtenido el mejor promedio con la fuerza «Sabiduría»

¡Despierta a la pensadora positiva que hay en ti!

Tus capacidades innatas para positivar son las siguientes: descubrir, crear y reflexionar. Te gusta aprender, descubrir, preguntar manteniendo siempre una perfecta apertura de espíritu. Son hermosas cualidades que te permiten pensar antes de actuar y a menudo tus allegados te toman por una sabia que destila las buenas palabras. Y como tu creatividad te lleva regularmente a pensar de manera original, a ver las cosas de una forma diferente, a veces más ingeniosa, a menudo innovas, creas o sorprendes.

Es una gran ventaja para positivar, porque tu comportamiento y tus relaciones están determinadas, sobre todo, por tu manera de pensar. Sin embargo, debes cuidarte de no encerrarte en tus pensamientos. ¡La espontaneidad también puede tener cosas buenas!

⟶ Tienes cita para el coaching número 1, en la página 20.

Has obtenido el mejor promedio con la fuerza «Valentía»:

¡Despierta a la activista positiva que hay en ti!

Tus capacidades innatas para positivar son las siguientes: atreverse, perseverar, entusiasmarse. No te da miedo pasar a la acción; los obstáculos y el tiempo no te desalientan mientras tu programa te entusiasme realmente. Tu valentía y tu honestidad te permiten vivir cada día a tope. Para ti, la vida es una aventura que vale la pena vivir con pasión.

Es una ventaja para positivar porque sin acción la vida no lleva a nada. ¡Sin embargo, ten cuidado en no agotarte, a veces es bueno descansar un poco!

⟶ Tienes cita para el coaching número 2, en la página 31.

¡IDENTIFICO MIS FUERZAS PARA POSITIVAR!

Has obtenido el mejor promedio con la fuerza «Humanidad»:

¡Despierta a la emocional positiva que hay en ti!

Tus capacidades innatas para positivar son las siguientes: amar, escuchar, compartir. Siempre estás bien rodeada y cuidas tus relaciones con mucha atención. Tus allegados se sienten en confianza para hacerte confidencias y sabes escucharlos con benevolencia y sin juicios de valor. Quieres sinceramente a las personas, te gusta hablar con ellas sobre diversos temas y te gusta complacerlas, lo que te permite adaptarte en contextos sociales muy distintos.

¡Es una ventaja para positivar porque la felicidad se multiplica siempre cuando se comparte! Sin embargo, cuidado con consagrar toda tu energía a los otros a costa tuya. ¡Ocuparse un poco de sí misma también es bueno!

Cita contigo para el coaching número 3, en la página 41.

Has obtenido el mejor promedio con la fuerza «Justicia»:

¡Despierta a la líder positiva que hay en ti!

Tus capacidades innatas para positivar son las siguientes: colaborar, alentar, equilibrar. Para ti, formar parte de un grupo es natural y encuentras tu lugar con mucha facilidad. Te gusta el trabajo de equipo: sostener, alentar, valorizar, fidelizar, repartir las tareas, favorecer la equidad, la justicia y mantener ese equilibrio, esa armonía que permite que todos los miembros del grupo se sienten útiles. Para ti, el bienestar de todos los miembros de un equipo es muy importante para el éxito del grupo en general.

Es una ventaja para positivar porque, en grupo, tenemos ocho veces más posibilidades de alcanzar nuestros objetivos que solos. Sin embargo, cuidado con no perder la propia identidad, los gustos y sus propias elecciones... ¡Un poco de soledad también puede ser importante para recuperar su propia autenticidad!

Cita contigo para el coaching número 4, en la página 53.

Has obtenido el mejor promedio con la fuerza «Moderación»:

¡Despierta a la indulgente positiva que hay en ti!

Tus capacidades innatas para positivar son las siguientes: anticipar, controlarse, perdonar. Te gusta prever, planificar, para que todo suceda lo mejor posible. Anticipas lo bueno y lo malo, pero incluso lo malo es perdonable, el fracaso no existe, todo es aprendizaje. Sabes mantenerte zen en cualquier circunstancia, controlas muy bien tus emociones. Y si tu discreción revela cierta modestia, también eres inspiradora por tu actitud siempre serena y benevolente.

Es una ventaja para positivar, porque la actitud zen abre las puertas a la serenidad y a la paz interior. Sin embargo, ten cuidado de no perderte algunas oportunidades por ser demasiado prudente. ¡Un poco de audacia y de espontaneidad también pueden ser útiles!

Cita contigo para el coaching número 5, en la página 63.

Has obtenido el mejor promedio con la fuerza «Trascendencia»:

¡Despierta a la iluminada positiva que hay en ti!

Tus capacidades innatas para positivar son las siguientes: apreciar, agradecer, esperar. Te gusta lo que es bello en la naturaleza, las artes o la humanidad y sabes expresar tu encantamiento. Tu optimismo te permite tener siempre la misma sonrisa y tu alegría de vivir es comunicativa. Sientes enorme placer en expresar tu gratitud o tu entusiasmo por las buenas acciones a tu favor o a favor de un mundo mejor. Te gusta sentirte conectada al mundo y crees en algo más grande que nos une a todos.

Es una ventaja para positivar porque la fe proporciona alas, como es bien sabido, y cuando se cree en algo muy francamente, ¡todo es posible! Sin embargo, ten cuidado para no cortarte de la realidad cotidiana. ¡Tener la cabeza en las estrellas pero mantener los pies en el suelo puede ser bueno!

Cita contigo para el coaching número 5, en la página 73.

¡IDENTIFICO MIS FUERZAS PARA POSITIVAR!

Capítulo 4
¡Soy mi propia coach!

Ahora que ya has identificado tu fuerza natural predominante, ¿qué dirías de aprender a cultivarla para despertar a la persona positiva que ya eres hasta lo más profundo de ti misma? ¿Y si por otra parte te encantara? ¡Eso es lo que te proponemos con el programa de coaching personalizado!

Concretamente, ¡podrás poner en marcha, en tu vida de todos los días, los mejores consejos de las investigaciones de psicología positiva para estimular tu positividad y desplegar tus alas de optimismo! Con un programa de 3 semanas adaptado a tu personalidad, cada día cumplirás un pequeño desafío positivo y constarás tú misma la evolución semana tras semana. Pero para el éxito de este coaching es importante que te impliques seriamente.

Coaching positivo número 1:

¡Despierta a la pensadora positiva que hay en ti!

Tus respuestas al test de fuerzas naturales te han orientado hacia el coaching positivo número 1. Podrás reforzar tus capacidades mentales al servicio de tu positivismo. Durante las próximas tres semanas, estimularás efectivamente tu creatividad, tu curiosidad, tu apertura de espíritu, tu amor por el aprendizaje y tu sabiduría para desarrollar tu confianza en ti misma, en la vida y en el futuro. Con ayuda de técnicas como la modelización, la visión alternativa o la psicogenealogía positiva, déjate guiar día tras día, hacia una vida más rica en pensamientos positivos.

Semana 1: ¡Estimulo mi creatividad intelectual!

La creatividad es saber imaginar o crear un concepto nuevo, una idea nueva, un objeto inesperado o descubrir una solución innovadora a un problema. El desarrollo personal, es también la capacidad para demostrar originalidad en la manera de relacionar las cosas, las ideas o las situaciones. También es aportar constantemente novedades en su cotidianeidad y en su manera de vivir. ¡Esta semana, déjate sorprender por tu creatividad!

LUNES

La modelización

Técnica de la PNL (programación neurolingüística), la modelización invita a inspirarse en un modelo positivo existente para progresar.

Hoy, descubre cómo otras personas dan muestra de creatividad o de originalidad.

Por ejemplo, tu colega se ha atrevido a cambiar de peinado, tu mejor amiga se marcha de vacaciones a un lugar increíble, tu vecino se ha comprado un coche de un color llamativo…

Lo que retengo de bueno de mi creatividad:

Palabra clave n° 1: ....

Palabra clave n° 2: ....

Palabra clave n° 3: ....

MARTES

Mapa de los sueños

Este cuadro es una creación artística que puede reunir imágenes, fotos, dibujos, palabras o afirmaciones de todo lo que hoy te hace feliz y de todos los sueños y objetivos que te gustarían para el futuro.

Hoy, realizo mi mapa de los sueños.

Toma una hoja blanca de papel y algunos lápices o rotuladores, pegatinas o fotos… y deja rienda suelta a tu imaginación para representar tu futuro ideal. Escribe, dibuja, pega, personaliza: ¡sé creativa!

Lo que me parece bueno de mi creatividad:

Palabra clave n° 1: ....

Palabra clave n° 2: ....

Palabra clave n° 3: ....

MIÉRCOLES

Mi técnica positiva del día

Mi desafío positivo del día

La experimentación

La experimentación es probar concretamente una idea o un concepto, sacar de esta experiencia tus propias conclusiones, analizadas con tus observaciones y sentimientos. Al experimentar algo nuevo, se descubren nuevas sensaciones y se puede ampliar poco a poco el abanico de sensaciones positivas.

Hoy, vive una nueva experiencia

Cambia una costumbre, adopta una actitud diferente, diviértete con una novedad en tu vida cotidiana. Ejemplo: si vas de compras, cambia de tienda; al volver del trabajo modifica el trayecto; a mediodía, cambia el lugar donde comes. Y para las más valientes: ¡en la peluquería cambia totalmente tu corte de pelo! ¡Jamás lo habías probado!

Lo que me parece bueno de mi experimentación:

Palabra clave n° 1: ....

Palabra clave n° 2: ....

Palabra clave n° 3: ....

ATENCIÓN
Experiencia
positiva!

JUEVES

Mi técnica positiva del día

Mi desafío positivo del día

La visión alternativa

La visión alternativa consiste en considerar una situación bajo distintos aspectos, en particular los aspectos que te permiten percibirla de manera más positiva.

Hoy, ponte en el lugar de dos personas ultrapositivas de tu entorno:

¿Cómo gestionarían ellas la situación delicada en la que te encuentras?

Lo que me retengo de bueno en mi visión alternativa:

Palabra clave n° 1: ....

Palabra clave n° 2: ....

Palabra clave n° 3: ....

Bonus: ¡Si tienes ocasión, podrías preguntárselo directamente!

VIERNES

Mi técnica positiva del día

Mi desafío positivo del día

La solución contraria

La técnica de la solución contraria consiste en pensar en todos los medios para no alcanzar el objetivo. Pensar al revés permite estimular tu creatividad para tener nuevas ideas y finalmente, tener éxito.

Hoy, haz una lista con 5 cosas que debes hacer para no alcanzar nunca tu objetivo de coaching (página 12).

1 ....

2 ....

3 ....

4 ....

5 ....

✎ *Lo que encuentro bueno de mi objetivo positivo:*

Palabra clave n° 1: ....Palabra clave n° 2: ....Palabra clave n° 3: ....

SÁBADO
Mi desencadenante positivo de la semana

Vuelve a leer tu objetivo positivo de la página 12, así como tus 15 palabras clave de la semana. ¿Qué te permiten comprender?
¿Qué desencadenantes positivos encuentras de esta primera semana de coaching?

....

....

....

....

....

DOMINGO
EVALUACIÓN

¿Te ha gustado estimular tu creatividad? ¡Prosigue con las ideas que te proponemos aquí!

Mi lista de actividades creativas y divertidas:
- ☐ Los cursos de improvisación teatral
- ☐ Hacer un álbum de recortes
- ☐ Hacer un cursillo de magia o de circo
- ☐ Rehacer toda la decoración con muebles de cartón
- ☐ Realizar una obra de arte (pintura, escultura…)
- ☐ Organizar una velada temática

👍 *¡Puedes sentirte orgullosa de ti!*

¡Felicitaciones! Esta semana has conseguido salir de tu zona de comodidad para probar nuevas maneras de pensar y nuevas costumbres, reforzando de esta manera, día tras día, tu creatividad intelectual. Si te proyectas hacia tu futuro ideal, ya has dado un paso hacia lo positivo y debes sentir una pequeña diferencia. Para que tu éxito se vuelva real debes visualizarlo, ¿no te parece? Así que sigue en esta dirección.

¿Salir de tu zona de confort?
Si quieres que tu vida cambie, debes cambiar algunas cosas de tu vida… ¡Incluso si debes salir de tu zona de confort! Fíjate en el ejemplo del cangrejo ermitaño: a medida que crece cambia de concha y ocupa una más grande. Mientras transporta sus muebles a su nueva concha, atraviesa periodos de vulnerabilidad. Pero estos son necesarios para pasar de una zona de confort a otra, a cada etapa de su evolución. ¡Sal de tu cascarón para crecer! ¡Si evolucionas rápidamente, te sentirás mejor mucho más pronto!

Semana 2. ¡Estimulo mi curiosidad!

Aun después de la escuela o de una formación, todos los días tienes ocasiones para aprender. La curiosidad es la facultad para interesarse por todo y por todo el mundo, con una buena apertura de espíritu. Esta semana, déjate guiar por ese talento natural que te abrirá las puertas del conocimiento universal y de la apertura hacia los otros.

LUNES

Mi técnica positiva del día

Mi desafío positivo del día

El psicoanálisis de la infancia

Técnica inspirada del psicoanálisis, el psicoanálisis de la infancia permite apoyarse en recursos presentes en nosotros mismos desde la infancia. Lo que deseamos aprender hoy proviene de lo que nos gustaba aprender en la niñez.

Hoy, zambúllete en tu infancia:

Recuerda las 3 materias preferidas de la escuela y las razones para preferirlas.

Lo que retengo de bueno de ese recuerdo de aprendizaje:

Palabra clave n° 1: ....

Palabra clave n° 2: ....

Palabra clave n° 3: ....

MARTES

Mi técnica positiva del día

Mi desafío positivo del día

La curiosidad

La curiosidad es una hermosa cualidad que permite abrir el espíritu a otras realidades de las que conocemos. Un acercamiento positivo y el interés sincero que nos llevan hacia el otro facilitan y refuerzan nuestras relaciones.

Hoy, interésate sinceramente en todas las personas que encuentres (de verdad, por teléfono, por SMS, por Internet)

¡Pregúntales sobre sus gustos y sus sueños!

Lo que me parece bueno de interesarme por los otros:

Palabra clave n° 1: ....

Palabra clave n° 2: ....

Palabra clave n° 3: ....

MIÉRCOLES

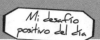

Mi técnica positiva del día

Mi desafío positivo del día

La búsqueda intuitiva

Investigar es una mina de oro para cualquier persona curiosa. Efectuar una búsqueda intuitiva de información es a la vez documentarse pero también abrirse al mundo, navegando de una información a otra, de una fuente a otra, dejándose guiar por el instinto, sin buscar forzosamente una respuesta en particular.

Hoy, haz una búsqueda en Google durante 15 minutos sobre un tema que te interese.
Puede ser la vida de un artista que te fascina, la nueva tendencia en zapatos o la decoración. ¡Navega de información en información y déjate sorprender!

Lo que encuentro bueno en mi búsqueda intuitiva:

Palabra clave n° 1: ....Palabra clave n° 2: ....Palabra clave n° 3: ....

JUEVES

Mi técnica positiva del día

Mi desafío positivo del día

La investigación

Llevar a cabo una investigación es buscar informaciones precisas sobre un tema, gracias a una lista de preguntas previas y otras preguntas espontáneas.

Hoy, haz un interrogatorio a una persona que elijas, preparando una lista de preguntas sobre un tema que te apasione, como la cocina vegetariana, el yoga o una actividad artística.

Lo que me parece bueno de mi acción de investigación:

Palabra clave n° 1: ....Palabra clave n° 2: ....Palabra clave n° 3: ....

VIERNES

Mi técnica positiva del día

Mi desafío positivo del día

La visualización

La técnica de visualización consiste en crear escenarios imaginarios en nuestra mente, imaginar situaciones posibles y sentir las emociones y sensaciones como si estuviéramos allí.

Hoy, visualiza que has conseguido tu objetivo de coaching (página 12)
Ya sea dentro de un mes, un año o diez años, imagínate en ese futuro de éxito. Da rienda suelta a su imaginate. En esta visión de futuro, ¿qué te ha permitido llegar allí que ignoras aún en la realidad presente?

Lo que encuentro bueno de mi visualización para conseguir mi objetivo:

Palabra clave n° 1: ....

Palabra clave n° 2: ....

Palabra clave n° 3: ....

Para sentirte más cómoda con este ejercicio, instálate cómodamente antes de comenzar y cierra los ojos.

SÁBADO

Mi desencadenante positivo de la semana

Vuelve a leer tu objetivo positivo de la página 12, así como las 15 palabras clave de la semana.
¿Qué te permiten comprender?
¿Qué desencadenantes positivos retienes de esta segunda semana de coaching?

....
....
....
....
....
....
....
....
....
....

DOMINGO

EVALUACIÓN

¿Te ha gustado estimular tu curiosidad? Entonces, intenta estas ideas que te proponemos.

Mi lista de cosas divertidas a aprender

☐ Aprender un nuevo idioma: inglés, francés o chino

☐ Aprender a hacer pastelitos decorados o alfajores

☐ Aprender la autohipnosis positiva

☐ Aprender a hacer buenas fotos, buenos retratos

☐ Aprender la capoeira, el tango o el swing

☐ Aprender a coser o crear vestidos

☐ Aprender a ser feliz

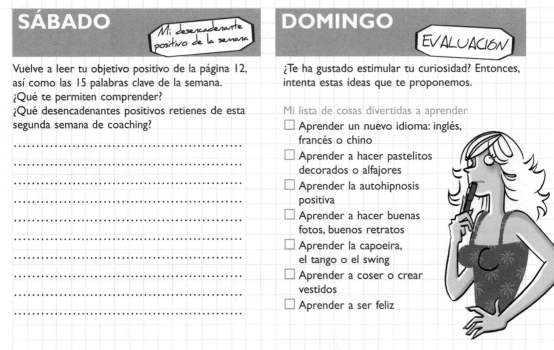

👍 *¡Puedes sentirte orgullosa de ti misma!*

¡Bravo! Esta semana has conseguido abrirte al mundo, a los otros, a responder a tu necesidad de aprender y a tu curiosidad, de manera simple y creativa. Ahora ya sabes que eres la principal actriz de tu evolución, y que puedes encontrar inspiración y recursos para triunfar, tanto en tus recuerdos de infancia como en una visualización del futuro. ¡Esta semana, has descubierto diferentes maneras de estimular tu estado de ánimo positivo y ganador!

¡Un estado de ánimo positivo y ganador!
Un estado de ánimo positivo es una verdadera ventaja para alcanzar tu objetivo. Varios recursos pueden ser útiles para dar impulso a tu estado de ánimo:
–*Recursos internos* (valentía, motivación, determinación) o *externos* (cooperación, colaboración, apoyos...).
–*Recursos del pasado* (apoyarte en tus éxitos pasados), *del presente* (apoyarte en las condiciones favorables actuales) o *del futuro* (apoyarte en tu visión positiva del porvenir).
–*Recursos motivacional:* (por qué quieres alcanzar ese objetivo), *emocionales* (lo que sentirás cuando alcances ese objetivo) o *relacionales* (lo que ganarás en tus relaciones).

Semana 3: ¡Estimulo mi sabiduría!

La sabiduría es la capacidad de respetar una ética, unas reglas y tomar distancia con las cosas y la vida, apoyarse en la propia experiencia y su madurez para aportar una mirada llena de sentido común sobre el mundo. También está asociada a la plena conciencia de lo que es bueno y justo, y rima a menudo con calma, moderación, benevolencia y prudencia. Esta semana, déjate guiar por tu propia sabiduría.

LUNES

Mi técnica positiva del día

Mi desafío positivo del día

La conciencia plena

La *conciencia* plena consiste en concentrar nuestra atención, o sea nuestra conciencia, con toda benevolencia y sin juicios, sobre todo lo que hacemos, lo que vivimos en el momento presente, así como sobre lo que provoca en nosotros a nivel del cuerpo, del corazón y del espíritu.

Hoy, tómate 30 minutos para aprovechar en plena conciencia cada bocado de tus comidas.

Tómate el tiempo de saborear cada uno de tus platos con los cinco sentidos. ¿La presentación de tu entrada te dan ganas de comer? ¿Su aroma te hace salivar? ¿Qué ruido escuchas al cortar o masticar ese alimento? ¿Aprecias el sabor de tu plato principal? ¿Cómo es la textura de los diferentes alimentos? ¿Está suficientemente cocido para tu gusto? ¿Está a buena temperatura? ¿Aún tienes realmente hambre para comer un postre o te sientes satisfecha? Mantente a la escucha de tus sensaciones y emociones incluso antes de sentarte a la mesa y hasta el último bocado.

Lo que me parece bueno de esta experiencia de conciencia plena:

Palabra clave n° 1: ....
Palabra clave n° 2: ....
Palabra clave n° 3: ....

Mi técnica positiva del día

Mi desafío positivo del día

La psicogenealogía

La psicogenealogía positiva es el análisis de los pensamientos, emociones, valores y comportamientos de nuestra familia para que aparezcan las características positivas que pueden ayudarnos en nuestra vida.

Hoy, elabora un árbol genealógico positivo de tu familia.

No dudes en pedir ayuda a tus parientes.

Luego, toma distancia e identifica a las 3 personas que han triunfado en su vida, según tu opinión. ¿Qué les ha permitido tal éxito? ¿En qué fuerzas naturales se han apoyado? ¿Tú también posees esas fuerzas?

Persona número 1: ....

Persona número 2: ....

Persona número 3: ....

Factores de su éxito: ....

Factores de su éxito: ....

Factores de su éxito: ....

Lo que retengo de bueno de mi análisis psicogenealógico:

Palabra clave n° 1: ....

Palabra clave n° 2: ....

Palabra clave n° 3: ....

Mi técnica positiva del día

Mi desafío positivo del día

El diario íntimo

Actualmente, el diario íntimo se declina en una aplicación o en un programa, para clarificar sus pensamientos y liberar el espíritu con toda confidencialidad, directamente desde el ordenador o el Smartphone. Se trata de escribir nuestras acciones, nuestros pensamientos o nuestros sentimientos de manera regular o intermitente.

Hoy, anota todo lo que hayas pensado o sentido durante todo el día: lo que te ha gustado o no, lo que te ha procurado placer, alegría, gratitud pero también lo que te ha apenado, lo que te ha dado rabia, con toda honestidad hacia ti misma.

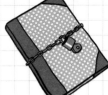

Lo que me parece bueno de esta experiencia:

Palabra clave n° 1: ....Palabra clave n° 2: ....Palabra clave n° 3: ....

JUEVES

El yoga

El yoga intenta, por medio de la meditación, la filosofía y los ejercicios corporales, unificar lo físico, lo psíquico y lo espiritual. El yoga se basa sobre todo en el dominio de la respiración que permite recuperar en cualquier momento la calma interior.

Mi desafío positivo del día

Hoy, prueba un ejercicio de respiración clásica del yoga: la respiración cuadrada.

Instálate cómodamente e inspira tranquilamente en 4 tiempos, luego retén tu respiración en 4 tiempos antes de espirar suavemente en 4 tiempos para retener el vacío nuevamente en 4 tiempos. Repite esta respiración a tu ritmo durante 10 a 20 minutos.

Los efectos beneficiosos que obtengo de este ejercicio:

Palabra clave n° 1: ....

Palabra clave n° 2: ....

Palabra clave n° 3: ....

VIERNES

Mi técnica positiva del día

El anclaje

Es una técnica de la PNL (programación neurolingüística) que consiste en asociar un gesto, una palabra o un objeto a una emoción determinada. Por ejemplo: el amor que anclamos en nuestra alianza el día de nuestro casamiento o el coraje que se ancla en una frase que se repite cada vez que tenemos un problema

Mi desafío positivo del día

Hoy, debes anclar en un objeto de tu elección (una piedra, una joya, un peluche…) la fuerza de la sabiduría.

Para esto, mantén tu objeto en las manos, instálate cómodamente y piensa en una persona que encarna la sabiduría para ti. Visualiza a esta persona, recuerda el sonido de su voz, sus palabras, sus gestos, su actitud. Imagínate que integras toda esa sabiduría en el objeto. Como un talismán, imagina que ese objeto tiene la capacidad de transmitirte su poder. Cuando sientas necesidad, te bastará cogerlo, o incluso simplemente pensar en ese objeto para reconectarte automáticamente con esa sabiduría.

Lo que me parece bueno de esta experiencia de anclaje positivo:

Palabra clave n° 1: ....

Palabra clave n° 2: ....

Palabra clave n° 3: ....

Mi desencadenante positivo de la semana

Relee tu objetivo positivo de la página 12, así como tus 15 palabras clave de la semana. ¿Qué te permiten comprender? ¿Qué desencadenantes positivos obtienes de esta última semana de coaching?

....
....
....
....
....

EVALUACIÓN

¿Te ha gustado estimular tu sabiduría? Si es así, prueba con estas ideas:

Mi lista del maestro Yoda

☐ Hacer una sesión de meditación de plena conciencia cada mañana
☐ Leer al menos un libro por mes
☐ Realizar un fin de semana de retiro espiritual
☐ Descubrir un arte marcial: taekwondo, aikido o tai-chi
☐ Visitar un templo en India o en Asia

👍 ¡Puedes sentirte orgullosa de ti!

¡Felicitaciones! ¡Esta semana has conseguido arraigar en ti lo positivo que buscabas! Ya sea en tu cuerpo por medio del yoga o de la *conciencia* plena, emocionalmente o por medio de un objeto, de un árbol genealógico o de un diario íntimo, esta semana has comprendido que la integración intelectual no bastaba y cuanto más importante, completo y profundo sea el anclaje positivo será más eficaz todavía.

¿Un anclaje positivo?

El anclaje describe la asociación de una emoción/sensación y de un objeto, un lugar, un gesto, un color... que se llama «estímulo».

Un anclaje se puede hacer **naturalmente** (un perfume que te enloquece y te recuerda a tu enamorado para darte suerte, de inmediato te sientes «ganadora») o **voluntariamente** (te pones tu vaquero preferido para ir a una entrevista de trabajo para que te traiga suerte, y así automáticamente te sientes ganadora).

Un anclaje puede ser **positivo** (este color te hace bien) o **negativo** (en cuanto entras en ese lugar, te sientes triste).

Un anclaje puede ser **olfativo** (un aroma), **visual** (la visión de un paisaje), **gustativo** (el sabor de un alimento) o **auditivo** (una música), pero también **relacional** (tu relación con tu jefe) o **intelectual** (una simple palabra).

Cuantos más anclajes positivos poseas, más agradable será tu vida cotidiana.

Hemos llegado al final de estas tres semanas de coaching. Cita en la página 83 para evaluar tus progresos.

Coaching positivo número 2:
¡Despierta a la activista positiva que hay en ti!

Tus respuestas al test de fuerzas naturales te han orientado hacia el coaching positivo número 2. Podrás reforzar tu determinación al servicio de tu positivismo. Durante las próximas tres semanas, estimularás aún más tu valentía, tu perseverancia, tu integridad, tu honestidad pero también tu alegría de vivir y tu entusiasmo. Con ayuda de técnicas como la sofrología dinámica, el coaching en imagen o la musicoterapia, déjate guiar día tras día, hacia una vida más rica en acciones positivas.

Semana 1. ¡Estimulo mi audacia!

La audacia es el talento de alcanzar valientemente o de forma innovadora el objetivo que uno se ha fijado, a pesar de los riesgos previsibles, de los obstáculos inesperados o los miedos. ¡Esta semana, supérate y sé audaz!

LUNES

Mi técnica positiva del día

La visualización positiva

La visualización positiva es una técnica que invita a relajarse y a dejar campo libre a la imaginación para visualizar una situación próxima en una versión positiva, incluso ideal.

Mi desafío positivo del día

Hoy, instálate cómodamente en tu magnífico sillón de mimbre e imagina una jornada especial: ¡tu propia súperfiesta de cumpleaños de 80 años! Estás hermosa y llena de felicidad. En ese momento, recuerda las 3 decisiones positivas y audaces que tomaste en tu vida y que te permitieron llegar a tal felicidad, a tal éxito profesional y personal.

 *Las acciones audaces a poner en marcha según esta visualización:*

Palabra clave n° 1: ....

Palabra clave n° 2: ....

Palabra clave n° 3: ....

MARTES

La técnica del embudo

Las técnica del embudo o técnica del 10/3/1, invita a una persona a organizar sus pensamientos en función de sus prioridades, para facilitarle el proceso de decisión. Con el espíritu libre, los pensamientos amontonados dejan lugar a las mejores ideas positivas.

Embudo para organizar tus pensamientos.

Hoy decido poner en práctica una de las 3 acciones positivas audaces que descubrí ayer.

Para esto, relee las 3 acciones y mantente a la escucha de tu instinto. ¿Cuál de ellas te hace vibrar y te da alas? ¿Cuál te procura más ganas de pasar a la acción? No pienses demasiado: aprende a escuchar tu primera intuición.

Mi decisión positiva es: ....

Lo que siento de bueno en esta decisión:

Palabra clave n° 1: ....Palabra clave n° 2: ....Palabra clave n° 3: ....

MIÉRCOLES

La sofrología dinámica

La sofrología dinámica activa de manera armoniosa el cuerpo y el espíritu y permite eliminar miedos, estrés, angustias y tensiones.

Hoy, llena de energía tu cuerpo para condicionarte a vivir una jornada positiva y…audaz!

Para esto, ponte de pie, con los brazos a lo largo del cuerpo, la cabeza en el eje de la columna vertebral, los hombros relajados. Inspira profundamente y repite tres veces la frase: «¡Soy audaz!» Bloquea la respiración y efectúa simultáneamente un movimiento de vaivén de los hombros, de arriba abajo, 5 a 7 veces. Luego, relaja espirando fuerte de una sola vez. Repite este ejercicio dos o tres veces según tu necesidad de energía. ¡Te sentirás llena de fuerza!

Lo que pienso de bueno de este ejercicio de sofrología dinámica:

Palabra clave n° 1: ....   Palabra clave n° 2: ....   Palabra clave n° 3: ....

JUEVES

 *Mi técnica positiva del día*

Mi desafío positivo del día

El método de las 5 letras
El método de lo más pequeño positivo posible invita a recortar una tarea en varias tareas pequeñas para que sean más fáciles y agradables y animen la acción positiva en dirección al objetivo.

Hoy, planifica el primer pequeño paso del plan de acción audaz del martes que deseas poner en práctica.
¿Cuál es la primera pequeña acción que puedes realizar hoy para iniciar la dinámica? ¡Hazla!
Mi primer paso positivo posible: ....

pasito a la mujer...

Lo que retengo de bueno de mi acto audaz:

Palabra clave n° 1: ....
Palabra clave n° 2: ....
Palabra clave n° 3: ....

VIERNES

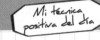 *Mi técnica positiva del día*

Mi desafío positivo del día

El compromiso positivo
Esto consiste en oficializar un compromiso con respecto a uno mismo para validar y arraigar profundamente una decisión.

Hoy, redacta una carta de compromiso para ser audaz:

Lo que retengo de bueno para mi objetivo positivo:

Palabra clave n° 1: ....
Palabra clave n° 2: ....
Palabra clave n° 3: ....

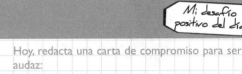

Mi carta de compromiso positivo
Hoy, día (fecha) ....,
Yo, (nombre y apellido) .... ,
me comprometo a proseguir a pequeños pasos algunas acciones para realizar (mi compromiso audaz y positivo) ....
Antes de (fecha límite) ....

Firmado en ....,
Firma

COACHING POSITIVO NÚMERO 2

SÁBADO

Relee tu objetivo positivo de la página 12 y las 15 palabras clave de la semana. ¿Qué conclusiones sacas? ¿Qué desencadenantes positivos retienes de esta primera semana de coaching?

. . . .

. . . .

. . . .

. . . .

¡Sí!

DOMINGO

EVALUACIÓN

¿Te ha gustado estimular tu audacia? ¡Intenta estas otras ideas!

Mi lista de pequeñas locuras positivas:

☐ Atreverse a tomar la palabra en público sobre un escenario

☐ Atreverse a declarar su amor a alguien en público

☐ Atreverse a comprar un billete de avión para un destino maravilloso

☐ Atreverse a cantar en el escenario en una velada de karaoke

☐ Atreverse a broncear en una playa nudista

☐ Atreverse a caminar en la calle como una modelo de pasarela

☐ Atreverse a comprarse unos zapatos carísimos para darse el gusto

☐ Atreverse a bailar libremente en la pista en una boda

☐ Atreverse a pedir un autógrafo al final de un concierto (o incluso pedirle un beso: quien nada intenta, nada obtiene)

☐ Atreverse a posar para un amigo fotógrafo o pintor

¡Puedes estar orgullosa de ti!

¡Felicitaciones! Esta semana has conseguido superarte tomando al menos una gran decisión positiva para tu futuro y pasando a la acción de inmediato gracias a un primer pequeño paso. ¡Poco a poco, el pájaro fabrica su nido y un día está preparado para su vuelo positivo! ¡Sigue avanzando, pasito a pasito, el próximo paso quizás será el de tu felicidad!

El método kaizen: paso a paso para positivar

El método kaizen preconiza un avance «a pasitos» hacia la mejoría, un cambio menor que permite alcanzar objetivos mayores, dominando progresivamente el miedo al cambio que bloquea a menudo la creatividad y el éxito. El desafío kaizen es poner en práctica cada día una búsqueda continua de mejoría pasito a pasito.

Aplicación individual del kaizen en 6 estrategias:

1. Plantearse preguntas simples para establecer el problema.
2. Pensar en pequeñas ideas que llevarán a grandes ideas.
3. Emprender pequeñas acciones que garanticen el éxito de las grandes acciones.
4. Resolver pequeños problemas, aun si se vive una crisis mayor.
5. Ofrecerse pequeñas gratificaciones, aun si el resultado no está garantizado.
6. Reconocer los pequeños momentos positivos, pequeños pero cruciales.

Semana 2. ¡Estimulo mi autenticidad!

La autenticidad es conseguir mantenerse 100% una misma en cualquier circunstancia, de manera totalmente natural, honesta e íntegra. ¡Esta semana, déjate guiar por ese talento natural que te abrirá las puertas de la ligereza y la libertad… o sea; de una vida más simple, más sana y más positiva!

LUNES

Mi técnica positiva del día

Mi desafío positivo del día

La honestidad

La honestidad no consiste solamente en no mentir o no hacer trampas, sino también en respetar las leyes, las virtudes y otras morales.

Hoy tienes que ser 100% honesta, sincera y auténtica en todas tus relaciones, **cada** instante, desde el primer hasta el último minuto de tu jornada.

Lo que me ha parecido bueno de este día honesto:

Palabra clave n° 1: ....

Palabra clave n° 2: ....

Palabra clave n° 3: ....

BLA BLABLA..
BLA BLA BLABLA
BLA BLA BLA..

BLA BLABLA...
BLA BLA
BLA.. BLA BLA...

MARTES

Mi técnica positiva del día

Mi desafío positivo del día

El coaching en imagen

El coaching en imagen permite armonizar la apariencia con su verdadera personalidad gracias a un cambio de ropa pero también con un coaching positivo.

Hoy, elige la ropa, los accesorios, las joyas y el maquillaje que te parecen que están en armonía con lo que tú eres profundamente, **en este** momento.

Lo que gano en mostrarme cómo soy realmente:

Palabra clave n° 1: ....

Palabra clave n° 2: ....

Palabra clave n° 3: ....

Un truco: Ten en cuenta tu humor del día y de lo que quieres que los otros piensen de ti.

MIÉRCOLES

El juego de la verdad

El juego de la verdad se deriva del célebre «Acción o verdad» de nuestra adolescencia. El principio es el mismo: hay varios jugadores que por turno preguntan algo personal a otro que no tiene más remedio que responder con sinceridad.

Hoy, juega una partida del juego de la verdad con tus amigos.

Piensa en un número de jugadores e invita a tus amigos a disfrutar de un momento de placer, risas compartidas, que reforzará la complicidad.

Lo que retengo de bueno de este juego de la verdad:

Palabra clave n° 1: ....Palabra clave n° 2: ....Palabra clave n° 3: ....

JUEVES

La escala de la sinceridad

La escala de la sinceridad es un simple test de autoevaluación que permite identificar por ti misma tu nivel subjetivo de sinceridad.

Lo que me parece bueno de mi autoevaluación:

Palabra clave n° 1: ....

Palabra clave n° 2: ....

Palabra clave n° 3: ....

Hoy, evalúa tu nivel de sinceridad con respecto a las 5 personas más cercanas.

Persona 1:

| 1 | 2 | 3 | 4 | 5 | 6 | 7 | 8 | 9 | 10 |

Persona 2:

| 1 | 2 | 3 | 4 | 5 | 6 | 7 | 8 | 9 | 10 |

Persona 3:

| 1 | 2 | 3 | 4 | 5 | 6 | 7 | 8 | 9 | 10 |

Persona 4:

| 1 | 2 | 3 | 4 | 5 | 6 | 7 | 8 | 9 | 10 |

Persona 5:

| 1 | 2 | 3 | 4 | 5 | 6 | 7 | 8 | 9 | 10 |

VIERNES

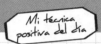

El contagio positivo

Consiste en rodearse al máximo de personas que poseen, en tu opinión, las cualidades, las fuerzas, los talentos, lo positivo que nos gustaría reforzar, para quedar contaminadas naturalmente por el principio de inmersión.

Hoy, pasa el mayor tiempo posible cerca de las personas más auténticas, las más verdaderas, las más sinceras de tu entorno. Sin duda, descubrirás que la autenticidad rima a menudo con placer y simplicidad. ¡Vas a pasar una jornada estupenda!

Lo que me parece bueno del contagio positivo:

Palabra clave n° 1: ....

Palabra clave n° 2: ....

Palabra clave n° 3: ....

SÁBADO

Mi desencadenante positivo de la semana

Relee tu objetivo positivo de la página 12 y también las 15 palabras clave de la semana. ¿Qué comprendes? ¿Qué desencadenantes positivos retienes de esta segunda semana de coaching?

....

....

....

....

DOMINGO

EVALUACIÓN

¿Te ha complacido estimular tu autenticidad? Puedes probar con estas ideas que te proponemos.

Mi lista 100% yo misma

☐ Compartir una foto mía 100% natural en las redes sociales

☐ Ir de compras y comprarme lo que me gusta y lo que me hace 100% placer

☐ Escribir una carta a mi mejor amiga para expresarle 100% lo que siento por ella

☐ Rehacer la decoración de mi habitación para que se me parezca al 100%

👍 *¡Puedes estar orgullosa de ti misma!*

¡Bravo! Esta semana has conseguido revelar sinceramente a la hermosa persona que hay en ti. Habrás podido comprobar que la autenticidad y la honestidad favorecen situaciones y relaciones simples y claras que dependen de ti para rodearte de personas sinceras que te ayudan a sentirte bien todos los días. ¡Cuida tus relaciones positivas y se multiplicarán!

¿Una relación positiva con los otros?
Mantener una relación positiva con los otros es mantener un lazo privilegiado, sincero, simple y agradable con cada persona que cuenta para ti y cuidarlo a lo largo del tiempo.

7 claves para cuidar tu relación con los otros:
— Cada día, elige a una persona para decirle algo sincero.
— Atrévete a expresar tus sentimientos, incluso si no son positivos, a una persona que quieres, recordándole que la quieres.
— Acoge con benevolencia lo que sienten los otros, incluso si no son positivos, recordando que te siguen queriendo.
— Escucha tus necesidades y tus esperanzas con respecto a cada persona que quieres y atrévete a expresarlo.
— Escucha las necesidades y las esperanzas de las personas que cuentan para ti, acógelas con benevolencia y haz todo lo posible para responder y ajustarlas si fuera necesario.
— Escribe una carta de gratitud a las personas que quieres.
— Envía cada tanto un mensaje o una tarjeta postal sin razón, solo para recordar a las personas que las quieres.

El entusiasmo es la capacidad de maravillarse con alegría y excitación, admiración y pasión por un proyecto, una situación, un paisaje, una obra de arte o incluso una persona. Esta semana, ¡déjate inspirar por tu entusiasmo!

LUNES

Mi técnica positiva del día

Mi desafío positivo del día

El análisis transaccional

El análisis transaccional es una técnica de análisis de la personalidad y de la comunicación que reposa principalmente sobre los diferentes estados del «Yo»: nuestro estado de «pariente», nuestro estado de «adulto» y nuestro estado de «niño».

Hoy, conéctate a tu niño interior para aprovechar plenamente la jornada.

¡Pasea una mirada entusiasta y maravillada sobre el mundo! Déjate guiar por tus pensamientos y comportamientos más espontáneos, tus emociones más vibrantes. ¡Juega a la «niña ingenua» sin complejos!

Las buenas emociones que retengo de esta jornada infantil::

Palabra clave n° 1: ....

Palabra clave n° 2: ....

Palabra clave n° 3: ....

MARTES

Mi técnica positiva del día

Mi desafío positivo del día

La musicoterapia

La musicoterapia utiliza las propiedades de la música y de los sonidos para restablecer, mantener o mejorar la sociabilidad, el bienestar físico o mental.

Hoy, cada dos horas como máximo, escucha músicas que te dan energía.

Ya sea en tu casa, en el transporte en común, en el coche, en el trabajo o en cualquier otra parte, estimúlate gracias a las canciones. Ya sea con Pharrell Williams o con Lily Wood & the Prick: lo que importa es que los sonidos te hagan sentir en forma.

Lo que me parece bueno de esta experiencia de musicoterapia:

Palabra clave n° 1: ....

Palabra clave n° 2: ....

Palabra clave n° 3: ....

MIÉRCOLES

El sueño despierto

La técnica del sueño despierto consiste en describir de manera realista todos los detalles de un proyecto que deseas cumplir, como si describiéramos una escena que se desarrolla bajo nuestra mirada.

Hoy, solo con la fuerza de tu entusiasmo, motiva a otra persona de tu elección para realizar el sueño despierto que te habrá contado.

Lo que encuentro de bueno en esta experiencia:

Palabra clave n° 1: ....

Palabra clave n° 2: ....

Palabra clave n° 3: ....

El truco: Hazle muchas preguntas, maravíllate al escucharlas como si lo que ella te describe fuera real. Ayúdala a apasionarse aún más por su proyecto con tu sola escucha, reaccionando mientras te cuenta.

JUEVES

El foto lenguaje

El foto lenguaje es una técnica de coaching que nos invita a expresar nuestro inconsciente estudiando nuestras asociaciones de fotos. Siempre proyectamos una parte de nosotros mismos en las imágenes.

Hoy, debes hacer una comparación fisonómica en fotos de la cara de 5 personas que para ti demuestran el entusiasmo.

Lo que retengo de bueno del foto lenguaje:

Palabra clave n° 1: ....

Palabra clave n° 2: ....

Palabra clave n° 3: ....

El truco: Elige hombres o mujeres, niños o personas mayores, solos o en grupo. ¿Has encontrado rasgos comunes contigo? ¿Qué curioso, eh?

VIERNES

La actividad física

La actividad física no se reduce al deporte. Sino que corresponde al conjunto de actividades que ponen en movimiento nuestro cuerpo, desde la marcha hasta la zumba, pasando por la jardinería, la limpieza de la casa o hacer el amor.

¡Hoy, diviértete moviendo el esqueleto!

El truco: Para que la sesión sea más divertida aún, ponte tu ropa más deportiva, sube el volumen de la música o invita a unas amigas.

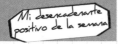 *Lo que encuentro bueno de mi sesión de actividad física:*

Palabra clave n° 1: ....

Palabra clave n° 2: ....

Palabra clave n° 3: ....

SÁBADO

Mi desencadenante positivo de la semana

Relee tu objetivo positivo de la página 12 y también las 15 palabras clave de la semana. ¿Qué te permiten comprender? ¿Qué desencadenantes positivos retienes de esta última semana de coaching?

....

....

DOMINGO

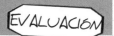 *EVALUACIÓN*

¿Te ha gustado estimular tu autenticidad? Aquí te proponemos que practiques estas otras ideas.

Mi lista para aprovechar al 300%:

☐ Ir a bailar al carnaval de Río

☐ Nadar desnuda en un lago azul

☐ Conducir un coche de lujo

☐ Tatuarme «Carpe diem» en el brazo

☐ Ir a nadar con los delfines

👍 *¡Puedes sentirte orgullosa de ti misma!*

¡Felicitaciones! Esta semana has conseguido estimular el lado burbujeante y has sentido todo el potencial de energía que ya posees y que solo pide expresarse aún más cada día. ¿Te has dado cuenta de que tu cuerpo multiplica su vivacidad cuando lo pones en condiciones más favorables con música entusiasmante, con una ropa estimulante o simplemente si te concentras en tus más bellos sueños de vida? ¡Es genial sentirse tan viva!

→ **Al cabo de estas tres semanas de coaching, te damos cita en la página 83 para evaluar tus progresos.**

¿La fuerza física positiva?
Una buena preparación física positiva es también una ventaja esencial para alcanzar tus objetivos.

Varias condiciones favorecen tu fuerza física positiva:
— Una alimentación sana y equilibrada
— Un sueño regular y reparador
— Tiempo de relajación/meditación/conciencia plena
— Un mínimo de actividad física por día
— Masajes relajantes/energéticos/dinamizadores
— Una higiene de vida sana: abstinencia de adiciones tóxicas, desintoxicación
— Un entorno de vida sana, lo más natural posible
¡Cuidar tu cuerpo es cuidar tu vida!

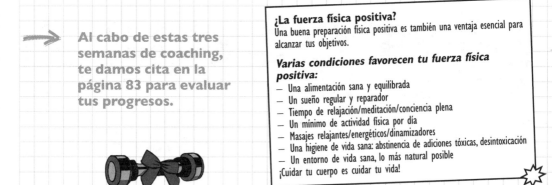

Coaching positivo número 3:
¡Despierta a la emocional positiva que hay en ti!

Tus respuestas al test de fuerzas naturales te han orientado al coaching número 3. Podrás estimular tus emociones al servicio de tu positivismo. Durante las próximas 3 semanas, desarrollarán aún más tu capacidad a amar y a ser amada, tu amabilidad y tu generosidad y ¡más globalmente, tus bellas emociones positivas! Con ayuda de técnicas como la terapia gestalt, la comunicación no violenta (CNV) o el foco positivo, ¡déjate guiar día tras día hacia una vida más rica en emociones positivas!

Semana 1. ¡Estímulo mi amor a la vida!

La capacidad de amar y ser amado es el talento de cuidar a los demás tanto como a sí misma. También es mantener relaciones de buena calidad, vigilando para sentirse rodeada de personas a quienes quieres y que también nos quieren. Esta semana, abre tu corazón al amor en un sentido más amplio: ¡el amor por uno mismo, el amor por los otros, el amor a la vida!

LUNES

 Mi técnica positiva del día

Mi desafío positivo del día

El barómetro del amor
Permite medir el nivel actual del amor por una persona.

Hoy, evalúa cuánto quieres a la gente de manera general.

Barómetro del amor actual:

| 1 2 3 4 5 6 7 8 9 10 |

¿Te parece correcto? Si no es así, ¿en qué nivel querrías situarte?

| 1 2 3 4 5 6 7 8 9 10 |

Lo que retengo de bueno de esta evaluación.

Palabra clave n° 1: ....
Palabra clave n° 2: ....
Palabra clave n° 3: ....

MARTES

Mi técnica positiva del día

Mi desafío positivo del día

La terapia del arte

La terapia del arte es una forma de terapia que utiliza todas las técnicas artísticas y creativas al servicio del bienestar.

Hoy, ¡dibuja tus relaciones de amor y de amistad!

Elige tres personas que te quieren sinceramente y a las que tú quieres. Escribe su nombre en una hoja y escribe a su alrededor todas las palabras positivas que te evocan. Añade formas y colores. Pega fotos de ellas, imágenes de revistas que te inspiren o bien dibuja. ¡Escribe palabras, pega purpurinas... personaliza!

Lo que encuentro bueno de la realización de mi obra:

Palabra clave n° 1: .... Palabra clave n° 2: .... Palabra clave n° 3: ....

MIÉRCOLES

Mi técnica positiva del día

Mi desafío positivo del día

La terapia gestalt

La terapia gestalt es una forma de terapia que recurre a la puesta en relación del cuerpo con el corazón y el espíritu del individuo, con los otros y con el entorno.

Hoy, debes redecorar tu salón antes de invitar a tus amigos a cenar.

¿El objetivo? Crear una atmósfera adecuada al sentimiento de relajación y confianza que sientes en su presencia. Cambia de decoración, prepara una mesa agradable con elementos de decoración, etc. Piensa también en colocar incienso o una vela perfumada, música adaptada, en fin, un ambiente que les encantará.

Lo que retengo de mi preparación ambiental:

Palabra clave n° 1: .... Palabra clave n° 2: .... Palabra clave n° 3: ....

JUEVES

El análisis sistémico

El análisis sistémico es una técnica de análisis de las relaciones interpersonales, representadas en forma de sistema. Esta técnica analiza la dinámica de los lazos, ilustra los sentimientos de unos hacia otros, de los lazos que se cruzan y evolucionan en permanencia.

Hoy, descifra tus relaciones con las personas que quieres representándolas en forma de sistema.

Escribe su nombre en post-it que organizarás alrededor de tu propio nombre. Colócalos en función de tus relaciones. Luego añade flechas: una flecha que vaya de una persona a otra, que según tu opinión se quieren, con trazos proporcionales a la intensidad de ese amor. Algunas flechas tendrán varios sentidos, otras no. Así tendrás la representación sistemática de las personas más importantes de tu vida. ¿Qué dibujo se crea? ¿Qué deduces?

Lo que retengo de bueno de este análisis sistémico:

Palabra clave n° 1: ....
Palabra clave n° 2: ....
Palabra clave n° 3: ....

VIERNES

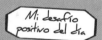

La técnica de las confidencias

La técnica de las confidencias es simplemente escuchar de manera benevolente, sin juzgar, y guardando para sí lo que hayas podido oír.

Hoy, pide a varias personas de tu entorno que confíen en ti.

Lo que me parece bueno en este ejercicio:

Palabra clave n° 1: ....
Palabra clave n° 2: ....
Palabra clave n° 3: ....

El truco: El número de personas que estén dispuestas a confiar en ti demuestra el número de relaciones de amor sincero que mantienes. ¡Si llegas a 5 es que estás muy bien rodeada!

SÁBADO

Mi desencadenante positivo de la semana

Relee tu objetivo positivo de la página 12 y también las 15 palabras clave de esta semana ¿Qué te permiten comprender? ¿Qué desencadenantes positivos retienes de esta primera semana de coaching?

....
....
....
....
....
....

DOMINGO

EVALUACIÓN

¿Te ha gustado estimular tu amor a la vida? Entonces, aquí tienes algunas otras ideas.

Mi lista 100% en modo amor

☐ Recibir un beso de enamorados en lo alto de la torre Eiffel

☐ Participar en un «Abrazos gratis» en la ciudad

☐ Realizar un álbum de fotos de todas las personas que quiero

☐ Dar un paseo en góndola por Venecia con un ser querido

☐ Regalar el nombre de una estrella a mi mejor amiga

☐ Abrir los brazos en el mar a la proa de un barco, abrazada por mi novio, como en *Titanic*

☐ Organizar una velada en honor a todas las personas que quiero

👍 *Puedes sentirte orgullosa de ti!*

¡Felicitaciones! Esta semana has conseguido conectar aún más profundamente con las personas que quieres. Ahora sabes en qué condiciones se favorece esta conexión y sentirás crecer en ti el amor por los seres humanos. Ese amor particular por tus allegados, es un amor que se multiplica a medida que tomas conciencia. Si tienes conciencia de las hermosas emociones que sientes ya regularmente, más naturalmente alimentarás tu fuerza emocional positiva. ¡Continúa así, a la escucha de tus emociones positivas!

¿La fuerza emocional positiva?

Una buena preparación emocional positiva es evidentemente una de las grandes ventajas para alcanzar tus objetivos, aun los más audaces.

He aquí las grandes emociones positivas que pueden convertirse en recursos inestimables: el amor, la benevolencia, la ternura, la pasión, la bondad, la alegría, el altruismo, la risa, la sorpresa, la felicidad, el deleite, el encantamiento, la gratitud, la serenidad, el entusiasmo, la curiosidad, la pasión, el alivio, el placer, la paz, el afecto, la satisfacción, la fascinación, la euforia, la esperanza, el orgullo, el deseo, la excitación... Cuantas más emociones positivas haya en tu cotidianeidad, más posibilidades tendrás de alcanzar tus objetivos y de realizar tus sueños.

Semana 2. ¡Estimulo mi altruismo!

El altruismo es sentir un verdadero amor desinteresado por otro, con el deseo de que encuentre la felicidad. Es la generosidad que no espera nada a cambio. ¿Sabes que una persona que ofrece simplemente un poco de su tiempo cada semana a los otros puede mejorar su nivel de felicidad personal más que otro que se ofrece el mismo tiempo para sí mismo? Pues sí, nuestra felicidad aumenta cuando damos más a los otros que a nosotros mismos, interesante, ¿no es verdad?

Pero, calma, ¡también aumenta más cuando nos ofrecemos cierto tiempo para nosotros que cuando no nos cuidamos en absoluto! Así que cuídate, pero sobre todo cuida de los demás y regálales un poco de tiempo. Y esta semana, déjate guiar por tu generosidad, tu amabilidad y tu altruismo. Tu vida será mucho mejor.

LUNES

Mi técnica positiva del día

Mi desafío positivo del día

La generosidad anónima

La generosidad anónima consiste en realizar buenas acciones para los otros sin rebelarse, sin revindicarlas, sin esperar nada a cambio ni reconocimiento, solo por el placer de dar y contribuir a la felicidad de los otros.

Hoy, ¡conviértete en una generosa anónima!

A lo largo del día, haz buenas acciones, de manera discreta y sin contarlo a nadie. Una notita, un pequeño regalo, una pequeña atención… Abre tu corazón de Amelie Poulin y las ideas vendrán naturalmente. Descubre el verdadero placer de regalar, la magia del altruismo.

Lo que retengo de bueno de mi generosidad anónima:

Palabra clave n° 1: ....

Palabra clave n° 2: ....

Palabra clave n° 3: ....

MARTES

El don del tiempo

Regalar tu propio tiempo es el regalo menos costoso y sin embargo el más apreciado si se hace con sinceridad y con todo el corazón.

Hoy, regala un poco de tiempo al menos a tres personas.

Ya sea un don de tiempo para un allegado o para un desconocido, ya sean 5 minutos o una hora, para discutir o para ayudar en una mudanza: poco importa. Concéntrate sobre lo que puedes ofrecer de más agradable a esas personas: tu presencia auténtica y amable.

Lo que siento de bueno después de dar mi tiempo:

Palabra clave n° 1: ....

Palabra clave n° 2: ....

Palabra clave n° 3: ....

MIÉRCOLES

La inspiración positiva

La inspiración positiva es una técnica que consiste en encontrar ideas, medios y soluciones, observando e interrogando a las personas que te inspiren.

Hoy, mima a una persona de tu entorno que te inspire la generosidad.

Toma contacto con esta persona y regálale algo sin ningún motivo, ¡solo para darle placer y agradecerle por ser ella misma e inspirarte de tal manera! Aprovecha para preguntarle sobre lo que la lleva a ser tan generosa, lo que siente en estos momentos, y pídele que te cuente algunos de sus mejores recuerdos de generosidad.

Lo que encuentro bueno en esta acción de inspiración positiva:

Palabra clave n° 1: ....

Palabra clave n° 2: ....

Palabra clave n° 3: ....

JUEVES

Las notitas cálidas

Inspirado en el *Cuento cálido* de Claude Steiner, la técnica de las notitas cálidas es muy simple y eficaz: basta con escribir pequeñas palabras positivas en pedazos pequeños de papel y regalarlos para complacer.

Hoy, pásate el día escribiendo y regalando notitas cálidas a tus allegados, a tus colegas, a tus vecinos o a seductores desconocidos

Lo que encuentro bueno de esta distribución de notas cálidas:

Palabra clave n° 1: ....

Palabra clave n° 2: ....

Palabra clave n° 3: ....

El truco: Hazlo de manera abierta o anónima. Eres libre de deslizar notitas cálidas en los libros de la biblioteca, en el bolsillo de tu novio, en la lista de la compra de tu madre o en el buzón de correos de desconocidos.

VIERNES

La técnica del ángel de la guarda

La técnica del ángel de la guarda consiste en vigilar a una persona en particular. En un grupo todos pueden elegir a otro miembro y convertirse en su ángel de la guarda durante todo un día, una semana, o un mes…

Hoy, vigila a una persona a quien quieras sinceramente ayudar o a quien quieras complacer. Y a lo largo de todo el día, conviértete en su ángel de la guarda: encuentra en todo momento una manera de hacerle bien, darle placer o hacerla sonreír. Por ejemplo, puedes proponerle regularmente durante el día un trago de su bebida preferida, un masaje en los hombros o un retoque de maquillaje. Llévala a sus lugares predilectos, para que encuentre a otra gente que quiera. Hazla hablar de sí misma y no dudes en susurrar en el oído de con quienes te cruces para que le hagan un regalo o un comentario sincero.

Lo que encuentro bueno en mi experiencia de ángel de la guarda:

Palabra clave n° 1: ....

Palabra clave n° 2: ....

Palabra clave n° 3: ....

SÁBADO

Mi desencadenante positivo de la semana

Relee tu objetivo positivo de la página 12 y también las 15 palabras claves de esta semana. ¿Qué te permiten comprender? ¿Qué desencadenantes positivos retienes de esta segunda semana de coaching?

. . . .
. . . .
. . . .
. . . .

DOMINGO

EVALUACIÓN

¿Te ha gustado estimular tu altruismo? Entonces, puede intentar estas propuestas:

Mi lista de buenas acciones

☐ Pedir mi carta de donante de órganos o dar sangre

☐ Hacer mis compras en la tienda de un productor ecológico local

☐ Donar alguna ropa vieja a la Cruz Roja

☐ Adoptar un animal de la SPA y acogerlo en mi hogar

☐ Correr por una asociación caritativa

👍 *¡Puedes sentirte orgullosa de ti!*

¡Bravo! Esta semana has conseguido sentir el placer de dar. Tu generosidad de corazón ha podido expresarse plenamente y has constatado los beneficios en la mirada de las personas que has podido ayudar pero también en lo más hondo de tu corazón. Dar es recibir pero eso ya lo sabías. ¡Ahora, que tienes conciencia de que cuanto más des a los otros, al planeta, a la vida, más te devolverá la vida en positivo!

¿Un amor más grande que el amor por los otros?
Más allá del altruismo, que consiste principalmente en amar a los seres humanos, otras formas de amor universal pueden favorecer tu bienestar y contribuir a aportar más positivo a tu vida.

7 formas de amor con una A mayúscula
1. **El amor por la naturaleza:** plantas, árboles, flores, campo, bosque, océano
2. **El amor por los animales:** tu perrito mimoso, los caballos, los animales en peligro de extinción
3. **El amor a la vida:** ser consciente de la suerte de estar vivo
4. **El amor al planeta:** proteger nuestro planeta
5. **El amor a un dios:** fe en un ser superior que vela por nosotros y sobre el mundo
6. **El amor del Universo:** fe en una energía impalpable que nos une unos a otros y a todo lo que nos rodea, de lo infinitamente pequeño a lo infinitamente grande
7. **El amor por sí mismo:** aceptarte y amarte profundamente con tus bondades y tus imperfecciones

Semana 3. ¡Estimulo mi inteligencia emocional!

La inteligencia emocional es esa forma de inteligencia que nos permite identificar, acoger, canalizar y expresar nuestras emociones, teniendo en cuenta las de los otros. ¿Sabías que muchos estudios han demostrado el impacto positivo de la inteligencia social o de la empatía en nuestra felicidad y nuestro éxito? Esta semana debes estar a la escucha de tus emociones y a la escucha de los otros. ¡Déjate guiar ante todo por tu inteligencia emocional para aportar cada vez más positivo a tus relaciones cotidianas y ofrecerte una vida agradable y llena de éxitos!

LUNES

Mi técnica positiva del día

Mi desafío positivo del día

La escucha empática

Hoy, escucha a los otros y a sus emociones.

La escucha empática es una técnica que permite escuchar las palabras pero también las emociones de los otros, acogerlas con benevolencia sin ofenderse.

Lo que me parece bueno de esta escucha empática:

El truco: Observa sus emociones sin apropiártelas, manteniendo un poco de distancia, justo entre la simpatía y la compasión. Las lágrimas no siempre son útiles ante una persona que llora.

Palabra clave n° 1: ....
Palabra clave n° 2: ....
Palabra clave n° 3: ....

MARTES

Mi técnica positiva del día

Mi desafío positivo del día

El foco positivo

Hoy, focalízate sobre la belleza de las personas que te cruzarás a lo largo del día.

Esta técnica, que proviene de la PNL (programación neurolingüística) consiste en focalizar voluntariamente la atención sobre lo que es bello, bueno o positivo. Siempre se encuentra lo que se busca, así que ¡busquemos lo positivo!

Lo que retengo de bueno de esta experiencia de foco positivo:

Palabra clave n° 1: ....
Palabra clave n° 2: ....
Palabra clave n° 3: ....

El truco: Mirar a los chicos guapos está permitido pero no olvides la belleza interior. De todas maneras, retén solo lo positivo. Ten cuidado con el encanto natural, las particularidades de cada uno, sus cualidades, el placer que proporciona con su compañía, etc.

MIÉRCOLES

Mi técnica positiva del día

Mi desafío positivo del día

La asertividad

La asertividad es una técnica de comunicación que consiste en estar a la escucha de sus propios sentimientos, sus ideas, sus esperanzas, como a las de los otros y atreverse a expresarlas con benevolencia y respeto.

Hoy, atrévete a afirmarte en una situación en la que habitualmente hubieras hecho el avestruz.

Por ejemplo, en el restaurante, atrévete a devolver un plato que no es de tu gusto. O bien, atrévete a llamar a casa de los vecinos para pedirles que hagan menos ruido después de las 10 de la noche. Evidentemente, el objetivo es entrenarte a expresarte con simplicidad y autenticidad, sin agresividad, vigilando que el otro se sienta lo mejor posible a lo largo de la discusión. ¡Tanto tú como el otro os sentiréis satisfechos!

Lo que retengo de bueno de esta experiencia de asertividad:

Palabra clave n° 1: ....

Palabra clave n° 2: ....

Palabra clave n° 3: ....

JUEVES

Mi técnica positiva del día

Mi desafío positivo del día

La CNV

La CNV (comunicación no violenta) es una técnica de comunicación que ayuda a las personas a establecer con los otros y consigo mismos relaciones benevolentes. Permite aprender a expresar sus sentimientos y sus necesidades con palabras simples, basándose en la empatía y la compasión.

Hoy, prueba la comunicación no violenta dentro de su pareja.

Antes, para aprender las buenas técnicas, tómate tiempo para informarte lo que es la comunicación no violenta (haz una búsqueda en Internet o con un formador). Luego aplícala a una situación de disputa recurrente dentro de tu pareja (por ejemplo: «¡Cuando vuelvo de trabajar estás mirando la tele y la vajilla sigue sucia en el fregadero!»). Trata de expresar lo que observas, luego tus emociones, tus necesidades, y finalmente haz un pedido claro y amable sobre lo que esperas de tu pareja. No olvides invitarlo a comunicar contigo de la misma manera.

Lo que me parece bueno de mi experiencia CNV:

Palabra clave n° 1: ....

Palabra clave n° 2: ....

Palabra clave n° 3: ....

VIERNES

Mi técnica positiva del día

Mi desafío positivo del día

La retroalimentación

La retroalimentación es el reparto auténtico de los pensamientos, las sensaciones y emociones que se sienten escuchando a otro: es hacer una interpretación tras una discusión a corazón abierto.

Hoy, devuelve una retroalimentación sobre la última confidencia que has escuchado. (La dificultad en el trabajo de un colega, la última historia de amor de tu mejor amiga, etc.)

Expresar de manera amable a otra persona los diferentes pensamientos que tuviste en el momento en que la escuchabas, lo que sientes en tu cuerpo y tus emociones cuando te hablaba.

Lo que me parece bueno en estos intentos de retroalimentación:

Palabra clave n° 1: ....

Palabra clave n° 2: ....

Palabra clave n° 3: ....

SÁBADO

Mi desencadenante positivo de la semana

Relee tu objetivo positivo de la página 12 y también las 15 palabras clave de esta semana. ¿Qué te permiten comprender? ¿Qué desencadenantes positivos retienes de esta última semana de coaching?

....

....

....

....

DOMINGO

EVALUACIÓN

¿Has conseguido estimular tu inteligencia emocional? Intenta entonces las ideas que te proponemos aquí.

Mi lista de «paz y amor»

☐ Anotar cada noche mis emociones de la jornada

☐ Pasar un test de CE (cociente emocional)

☐ Participar en una partida de Tao, el juego a la moda sobre la retroalimentación

☐ Atreverme a decirle a mi madre lo que siento con mucho amor

☐ Seguir un cursillo de comunicación no violenta

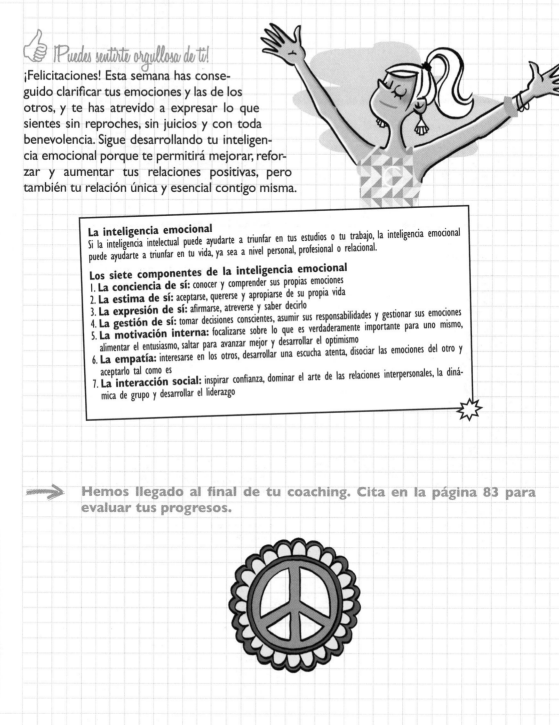

👍 ¡Puedes sentirte orgullosa de ti!

¡Felicitaciones! Esta semana has conseguido clarificar tus emociones y las de los otros, y te has atrevido a expresar lo que sientes sin reproches, sin juicios y con toda benevolencia. Sigue desarrollando tu inteligencia emocional porque te permitirá mejorar, reforzar y aumentar tus relaciones positivas, pero también tu relación única y esencial contigo misma.

La inteligencia emocional
Si la inteligencia intelectual puede ayudarte a triunfar en tus estudios o tu trabajo, la inteligencia emocional puede ayudarte a triunfar en tu vida, ya sea a nivel personal, profesional o relacional.

Los siete componentes de la inteligencia emocional
1. **La conciencia de sí:** conocer y comprender sus propias emociones
2. **La estima de sí:** aceptarse, quererse y apropiarse de su propia vida
3. **La expresión de sí:** afirmarse, atreverse y saber decirlo
4. **La gestión de sí:** tomar decisiones conscientes, asumir sus responsabilidades y gestionar sus emociones
5. **La motivación interna:** focalizarse sobre lo que es verdaderamente importante para uno mismo, alimentar el entusiasmo, saltar para avanzar mejor y desarrollar el optimismo
6. **La empatía:** interesarse en los otros, desarrollar una escucha atenta, disociar las emociones del otro y aceptarlo tal como es
7. **La interacción social:** inspirar confianza, dominar el arte de las relaciones interpersonales, la dinámica de grupo y desarrollar el liderazgo

➡ **Hemos llegado al final de tu coaching. Cita en la página 83 para evaluar tus progresos.**

Coaching positivo número 4:
¡Despierta a la líder positiva que hay en ti!

Tus respuestas al test de fuerzas naturales te han orientado hacia el coaching positivo número 4. ¡Podrás estimular tu liderazgo al servicio de tu positivismo! Durante las próximas 3 semanas podrás desarrollar aún más tu espíritu de equipo, tu fidelidad, tu sentido de la justicia y de la equidad y tu capacidad a dirigir, guiar e inspirar. ¿Estás dispuesta a sentir hasta qué punto es agradable convertirse en una persona que inspira a los otros? Déjate crecer las alas, todo será mucho más fácil, más bonito y más positivo. En fin, con ayuda de técnicas como el *mapa de ideas*, la meditación y la sincronización te guiaremos día tras día hacia una vida más rica en relaciones positivas.

Semana 1: ¡Estimulo mi espíritu de equipo!

El espíritu de equipo es un talento, un estado de ánimo general que nos permite crear fácilmente una complicidad con los miembros de un grupo hasta que parece que formemos un solo cuerpo, para actuar por el bien del equipo y de cada uno de sus miembros. Esta semana, te toca actuar a ti. ¡Despierta tu espíritu de equipo!

LUNES

Mi técnica positiva del día

Mon défi positif d'jour

La disociación

La disociación es una técnica de PNL (programación neurolingüística) que consiste en separar el pensamiento del cuerpo, olvidar las preocupaciones actuales para mirar y analizar la vida actual desde el exterior, como un observador. Se toma cierta distancia y otro punto de vista que permiten gestionar mejor las situaciones.

Hoy, debes entrenar a tu grupo como si fueras un elemento exterior. Como si fueras el entrenador, por ejemplo.

Mi grupo: . . . .

. . . .

Mi consejo positivo para ese grupo: . . . .

. . . .

El truco: Elige un grupo en el que sientas que formas parte (un grupo de amigos, de colegas, de familia, de voluntarios, de proyecto, de ocio...) y actúa verdaderamente como si fueras una desconocida que verdaderamente tiene capacidades para ayudar a ese grupo a consolidarse y progresar.

Lo que encuentro bueno después de esta disociación:

Palabra clave n° 1: ....

Palabra clave n° 2: ....

Palabra clave n° 3: ....

MARTES

Mi técnica positiva del día

Mi desafío positivo del día

La movilización positiva

La movilización positiva consiste en reunir varios participantes para un proyecto común, en una dinámica positiva para el grupo y para cada uno de sus miembros.

Hoy, moviliza a un grupo de amigos, colegas, familiares, para ayudarte a realizar un objetivo positivo. ¡Cuidado, tus reclutados también deben conseguir un beneficio para ellos!

Beneficio 1, para tu grupo: ....

Beneficio 2, para tu grupo: ....

Beneficio 3, para tu grupo: ....

CREW

Lo que retengo de bueno de esta movilización:

Palabra clave n° 1: ....

Palabra clave n° 2: ....

Palabra clave n° 3: ....

MIÉRCOLES

Mi técnica positiva del día

Mi desafío positivo del día

La sofrología lúdica

La sofrología lúdica es un medio pedagógico que moviliza tu cuerpo, la conciencia, el movimiento y la creatividad para armonizar todo con placer y ligereza.

Hoy, haz sofrología lúdica con un grupo de amigos. Invita a tu grupo de amigas a una salida en plena naturaleza. Cada participante elige una piedra o un guijarro y luego imaginará que esa piedra representa todo el estrés, toda la rabia, todo el miedo que cada una siente. Luego, todas cierran los ojos y después de contar de 10 a 0, abren los ojos y lanzan la piedra lo más lejos posible. Con ese gesto, se liberan simbólicamente de todas esas tensiones.

Lo que me parece bueno de este ejercicio entre amigas:

Palabra clave n° 1: ....Palabra clave n° 2: ....Palabra clave n° 3: ....

JUEVES

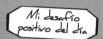
El mapa de ideas

Se trata de un esquema, una carta mental que representa una asociación de ideas, atrapadas de repente, y que organizamos en desorden pero en un conjunto coherente.

Hoy, representa un mapa mental del espíritu de equipo.

En una hoja, escribe «espíritu de equipo» en el centro y luego anota las primeras palabras que te vengan a la cabeza en ese tema. Para cada palabra, encuentra otras que llegan por asociación de ideas y así hasta ampliar una tela de palabras.

Lo que me parece bueno de este mapa mental:

Palabra clave n° 1: ....

Palabra clave n° 2: ....

Palabra clave n° 3: ....

VIERNES

La varita mágica

Si imaginamos que tenemos una varita mágica, conseguimos más rápida y fácilmente expresar nuestras ideas más originales, nuestras necesidades más profundas y nuestros sueños y deseos más secretos.

Hoy, juega a que eres el hada de tu grupo. Y, con tu varita mágica, haz aparecer las soluciones para que el futuro sea radiante para cada uno de los miembros y para todo el grupo. ¡Todo es posible! Déjate sorprender por las ideas que podrían surgir y no dudes en prestarla a otros miembros del grupo. Cada uno posee en sí soluciones a veces insospechadas que solo la varita mágica puede revelar.

Lo que encuentro bueno de este ejercicio:

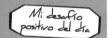

Palabra clave n° 1: ....

Palabra clave n° 2: ....

Palabra clave n° 3: ....

Relee tu objetivo positivo de la página 12 y también las 15 palabras clave de esta semana. ¿Qué te permiten comprender? ¿Qué desencadenantes positivos retienes de esta primera semana de coaching?

....
....
....
....

¿Te ha gustado estimular tu espíritu de equipo? Entonces, puedes probar con alguna de estas ideas.

Mi lista espíritu de equipo

☐ Organizar una salida Laser Game con todos mis colegas

☐ Proponer filmar un *videoclip* para dar a conocer nuestra asociación

☐ Inscribirse con un grupo en un campo de entrenamiento

☐ Organizar un fin de semana de acampada con amigos

☐ Prever un paseo en quad entre parejas

☐ Inscribir a mi familia a un concurso de la tele

👍 *¡Puedes estar orgullosa de ti!*

¡Felicitaciones! Esta semana has conseguido reforzar aún más esa solidaridad, esa armonía en tu equipo, o incluso en varios de tus equipos. Sabías que ocupas tu lugar, pero ahora has tomado conciencia de que debes mantener esa dinámica de grupo, tomando distancia, atreviéndote a pedir ayuda, clarificando la posición y el papel de cada uno o hasta soñando con mejorar el grupo. Entonces, sigue cuidando tus equipos y a cada uno de sus miembros. Tus relaciones serán más simples y tu vida será más positiva aún.

¿Un valor positivo colectivo?

Un valor positivo colectivo es un principio, una moral, una ética compartida por un grupo. Es esencial porque nos basamos en ella para decidir acciones colectivas para evolucionar en una dirección común.

Top 10 de los valores colectivos más importantes:

1. la paz
2. la solidaridad
3. el respeto
4. la honestidad
5. la igualdad

6. la fidelidad
7. la libertad
8. la tradición
9. la seguridad
10. la justicia

Semana 2: ¡Estimulo mi sentido de la justicia!

El sentido de la justicia es demostrar respeto y equidad con respecto a los otros o evaluar las decisiones y las acciones equitativamente con una mirada justa. ¡Esta semana, entrena tu imparcialidad, tu sentido de la justicia y la equidad!

LUNES

Mi técnica positiva del día

Mi desafío positivo del día

El juego de rol

El juego de rol consiste en interpretar un personaje (real o imaginario).

Hoy, durante todo el día, ¡juega a la chica Zorro! Sin decirlo a nadie, ni de manera muy visible, actúa a la menor ocasión para favorecer la justicia en las situaciones que te rodean. Por ejemplo, deposita un trozo de pastel en la mesa de tu colega que no pudo asistir a la despedida de otra colega. O pídele a alguien que esté sentado en el autobús que deje su asiento a una mujer embarazada. O deja una buena propina a la estudiante en prácticas de la peluquería, que seguramente cobra muy poco.

Lo que me parece bueno de este juego:

Palabra clave n° 1: ....Palabra clave n° 2: ....Palabra clave n° 3: ....

MARTES

Mi técnica positiva del día

Mi desafío positivo del día

La cortesía

La cortesía es el conjunto de códigos y actitudes que tratan de favorecer el respeto y las buenas relaciones entre la gente.

Hoy, conviértete en un ejemplo de cortesía y buenas manera, como si salieras de una escuela de buenos modales. «Gracias por tu atención», «te pido que disculpes mis minutos de retraso», «¿puedo tener el honor de sentarme a comer a tu lado?», «sírvete tu primero, por favor».

Lo que retengo de bueno de esta jornada de cortesía:

Palabra clave n° 1: ....Palabra clave n° 2: ....Palabra clave n° 3: ....

MIÉRCOLES

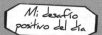

El pedido al Universo

¡Tú también tienes derecho a soñar! El pedido al Universo es una técnica de coaching que te permite expresar tus deseos más profundos. En efecto, la investigación demuestra que las personas que expresan claramente sus necesidades y sus objetivos son susceptibles de lograrlos.

Hoy, ¡haz un pedido al Universo para exigir un mundo justo e ideal! Describe el mundo tal como lo sueñas, detalla todo lo que debería cambiar para conseguirlo.

Lo que retengo de este pedido al Universo:

Palabra clave n° 1: ....Palabra clave n° 2: ....Palabra clave n° 3: ....

JUEVES

La relajación positiva

La relajación positiva utiliza una imagen mental ideal o una experiencia emocional agradable para relajarse.

Hoy, regálate una sesión de relajación positiva, utilizando tu sentimiento de paz y de justicia interior para crear tu estado de relax. Para practicar esta sesión: conéctate con la parte más justa, equitativa, imparcial de ti misma concentrando tu intención en la paz y la justicia en el mundo, como si tu simple pensamiento, tu simple emoción, fuera suficiente para contribuir a un mundo mejor.

 Lo que retengo de bueno de esta relajación positiva:

Palabra clave n° 1: ....

Palabra clave n° 2: ....

Palabra clave n° 3: ....

VIERNES

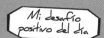

La mediación

La mediación es una técnica que propone que alguien neutro e imparcial intervenga como mediador para mejorar la relación o la comprensión entre otras dos personas.

Hoy, debes jugar a la mediadora en un conflicto en el despacho en tu casa o entre amigos. ¿Qué cualidades te permiten ayudarlos a resolver su conflicto?

Mis cualidades de mediadora que retengo de este ejercicio:

Palabra clave n° 1: ....Palabra clave n° 2: ....Palabra clave n° 3: ....

SÁBADO
Mi desencadenante positivo de la semana

Relee tu objetivo positivo de la página 12 y también las 15 palabras clave de esta semana. ¿Qué te permiten comprender? ¿Qué desencadenantes positivos retienes de esta segunda semana de coaching?

....

....

....

....

DOMINGO
EVALUACIÓN

¿Te ha gustado estimular tu sentido de la justicia? Si es así, intenta alguna de estas propuestas.

Mi lista de la chica Zorro:

☐ Inscribir a mis allegados que lo necesitan en alguna emisión de televisión en grupo

☐ Participar en un rally para recaudar fondos para la lucha contra el cáncer

☐ Enviar un ramo de flores a mi mejor amiga soltera firmado por un admirador anónimo

☐ Depositar regalos para niños delante de un orfanato

☐ Dar la vuelta al mundo como voluntaria humanitaria

¡Puedes estar orgullosa de ti!

¡Bravo! Esta semana has conseguido conectarte con tu sentido de la justicia, de la imparcialidad y de la equidad. Te has puesto en la piel de una justiciera o una mediadora y has podido identificar claramente tu potencial en ese terreno. Tu pedido al Universo y tu relajación positiva te han permitido arraigar profundamente ese sentimiento de justicia que deseas poner al servicio de un mundo mejor. ¡Sigue así y actuarás a favor de un mundo más justo, colaborativo y positivo!

¿El poder positivo de la colaboración?
Colaborar es reflexionar y actuar juntos para alcanzar un objetivo común, es la asociación de ideas, fuerzas, talentos y motivaciones de varias personas para favorecer la implicación y la realización de cada uno en función de su personalidad y de sus capacidades naturales. Se aumentan así las posibilidades de éxito de cada uno y del equipo.
La psicología positiva ha demostrado que no solamente la tasa de éxito es más elevada en un equipo colaborador que en un equipo competitivo pero también que cada miembro del equipo encuentra mucho más placer y sentido, porque las acciones están de acuerdo con los valores positivos del equipo.

Semana 3: ¡Estimulo mi liderazgo!

El liderazgo es saber mandar, inspirar y motivar a un grupo pero también mantener la armonía de manera que todos se sientan incluidos. Esta semana, revela tus talentos de cabecilla positiva.

LUNES

Mi técnica positiva del día

Mi desafío positivo del día

Los 2 milímetros

La técnica de los 2 milímetros consiste en modificar nuestra postura imaginando un punto situado a nivel de nuestro esternón que podemos subir unos 2 milímetros para mantenernos derechos, lo que nos proporciona naturalmente una posición más confiada.

Hoy, adopta una postura de líder más segura y positiva.

Escribe el número 2 en tu mano: será tu recordatorio para recordarte todo el día que endereces tu esternón 2 milímetros.

Los sentimientos positivos que retengo de esta postura:

Palabra clave n° 1: ....

Palabra clave n° 2: ....

Palabra clave n° 3: ....

MARTES

Mi técnica positiva del día

Mi desafío positivo del día

La mirada hipnótica

La mirada hipnótica es una técnica utilizada en hipnoterapia. Consiste en mirar a una persona a los ojos para darle la sensación de ser totalmente digna de confianza y ser escuchada y comprendida.

Hoy, prueba la mirada hipnótica durante una conversación.

Lo que considero bueno de esa mirada hipnótica:

Palabra clave n° 1: ....

Palabra clave n° 2: ....

Palabra clave n° 3: ....

El truco: Haz preguntas a tu interlocutor y, mientras escuchas atentamente, con benevolencia y consideración, míralo fijo a los ojos, como si buscaras ver el fondo de su retina. ¡Lanza tu mejor mirada!

MIÉRCOLES

Mi técnica positiva del día

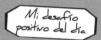
Mi desafío positivo del día

La colorimetría

La colorimetría es una disciplina psicofísica que estudia las reacciones frente al color o la luminosidad.

Hoy, elige para tu vestuario el color que inspirará el carisma frente a los otros.

Verifica el impacto de tu elección en las personas con las que te cruzas.

Lo que retengo de bueno de la colorimetría:

Palabra clave n° 1: ....

Palabra clave n° 2: ....

Palabra clave n° 3: ....

JUEVES

Mi técnica positiva del día

Mi desafío positivo del día

La sincronización

La sincronización es una herramienta de la PNL (programación neurolingüística) que permite establecer un contacto fácil con un interlocutor sincronizando la actitud y el lenguaje.

Hoy, sincronízate con un interlocutor durante una conversación.

Lo que retengo de bueno de esta sincronización:

Palabra clave n° 1: ....

Palabra clave n° 2: ....

Palabra clave n° 3: ....

El truco: Durante la conversación, copia su manera de estar (tranquilo, sexy, elegante...) pero también el volumen y el ritmo de su voz, para sentirte unida a esta persona. No se trata de imitarla, sino de ponerte en armonía.

VIERNES

Mi técnica positiva del día

Mi desafío positivo del día

La personificación

La personificación es una técnica de coaching que consiste en encarnar una idea abstracta, un poco como el principio del juego de «si yo fuera».

Hoy, ¡personifica el liderazgo!

Imprime una foto de la persona que mejor personifica el liderazgo en tu opinión, deslízala en tu bolso de mano y actúa como si estuvieras contaminada naturalmente por su poder de seducción, de persuasión, su encanto o su carisma.

Lo que retengo de bueno de esta personificación:

Palabra clave n° 1: ....Palabra clave n° 2: ....Palabra clave n° 3: ....

SÁBADO

Mi desencadenante positivo de la semana

Relee tu objetivo positivo de la página 12 y también las 15 palabras clave de esta semana. ¿Qué te permiten comprender? ¿Qué desencadenantes positivos retienes de esta última semana de coaching?

....
....
....
....

DOMINGO

EVALUACIÓN

¿Te ha gustado estimular tu liderazgo? Intenta entonces estas ideas que te proponemos.

Mi lista de _cabecilla_

☐ Lanzar una moda de maquillaje de ojos diferente.

☐ Lanzar un desafío «21 días sin protestar, ¿quién me sigue?»

☐ Proponer un gran picnic con todos mis contactos de Facebook

☐ Organizar una _movilización_ relámpago de la felicidad en pleno centro de la ciudad

☐ Crear la asociación de mujeres orgullosas de ser positivas

¡Puedes estar orgullosa de ti!

¡Felicitaciones! Esta semana has conseguido posicionarte como una líder positiva y despertar tu liderazgo natural y bondadoso. Ya sea con tu actitud corporal, por tu vestimenta o gracias a pequeñas técnicas como la sincronización o la mirada hipnótica, has podido constatar que puedes inspirar confianza e influenciar positivamente a tus allegados en cuanto tienes esa actitud de líder positiva. ¡Conviértete en la persona inspiradora que siempre soñaste ser!

Hemos llegado al final de tu coaching, cita entonces en la página 83 para evaluar tus progresos.

Una persona inspiradora
Todos conocemos al menos una o dos personas que nos inspiran, ya sea un allegado o una personalidad célebre. Esos modelos dan ideas, aliento, fe y entusiasmo solo con su ejemplo.
Aquí tienes los 6 puntos comunes que se encuentran en todas esas personas inspiradoras:
– son auténticas
– se implican al 100% en su pasión y la comparten
– saben organizar su tiempo y sus prioridades
– tienen confianza en sí mismas, en su potencial
– son optimistas, tienen confianza en el futuro
– se inspiran también de sus mentores

Coaching número 5:
¡Despierta a la bondadosa positiva que vive en ti!

Tus respuestas al test de las fuerzas naturales te han orientado hacia el coaching positivo número 5. Podrás reforzar tu benevolencia natural al servicio de tu positivismo. Durante las tres semanas que siguen, podrás movilizar tu sentido del perdón, tu humildad, tu prudencia y tu discreción, pero también aprenderás a desarrollar una actitud zen. Con ayuda de técnicas como la TLE, la meditación o la escritura creativa, déjate guiar día tras día hacia una vida más serena y más tranquila.

Semana 1: ¡Estimulo mi liberación!

Liberarse es saber aceptar tus límites, aceptar que a veces no se puede hacer nada. Es dejarse ir con toda serenidad, sin abandonarlo todo. ¡Esta semana, libérate!

LUNES

> Mi técnica positiva del día

> Mi desafío positivo del día

La TLE
La técnica de liberación emocional (TLE) permite liberar tus emociones. Consiste en dar palmaditas en la entrada de los meridianos, en la cabeza, en la parte alta del cuerpo y las manos, al mismo tiempo que se pronuncia una frase específica.

Hoy, practica la TLE positiva para liberarte.
- Relájate profundamente.
- Dando toques con dos dedos en el punto karate (el borde de la mano), repite 3 veces la frase: «Incluso si no siempre consigo liberarme, me quiero y me acepto tal como soy».
- Luego, palmea unas diez veces con los dos dedos los puntos que te hemos indicado y repite la frase: «Me dejo ir, me calmo y soy positivo».
- Rodea la muñeca de tu mano y aprieta repitiendo la palabra «calma». Si aún no te sientes calmada, recomienza todo el ejercicio.

Lo que retengo de bueno de esta sesión de TLE

Palabra clave n° 1: ....

Palabra clave n° 2: ....

Palabra clave n° 3: ....

MARTES

La carta de perdón

La carta de perdón es una técnica de coaching utilizada para liberarse de todas las emociones negativas que se sienten hacia otra persona: puede tratarse de una carta en la que se perdona para liberarse de una rabia o de una carta de excusas para liberarse de la culpabilidad.

Hoy, escribe una carta de perdón a alguien con quien estás profundamente enfadada (un pariente, una amiga querida, un exnovio).

Describe las circunstancias de la pelea al comienzo, lo que sentiste en ese momento, y lo que aún te duele. Luego, escribe a esta persona a quien perdonas o, al menos, quisieras perdonar. Eres libre de guardar esta carta en un cajón, quemarla o enviarla a su destinatario.

Lo que retengo de bueno en esta carta de perdón:

Palabra clave n° 1: ....

Palabra clave n° 2: ....

Palabra clave n° 3: ....

MIÉRCOLES

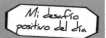

El método MGT

El método de gestión del tiempo (MGT), (creado por el norteamericano David Allen, consiste en gestionar las prioridades cotidianas para ser eficaz sin estresarse.

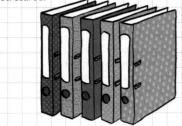

Hoy, ¡aplica el método MGT para reorganizar tu vida y dejar más lugar a lo positivo!

Comienza por hacer una lista de todo lo que tienes que hacer a corto, medio y largo plazo en todos los terrenos de tu vida. ¡Sí, sí, una larga lista de tareas a realizar, más o menos importantes, poco importa! Y no olvides añadir cosas que realmente tienes ganas de hacer solo por placer. Luego, clasifícalas de la manera siguiente:

1. las tareas prioritarias urgentes e importantes
2. las tareas urgentes pero no importantes
3. las tareas importantes pero no urgentes
4. sin olvidar de delegar tanto como sea posible las tareas no urgentes ni importantes

Lo que retengo de este método MGT:

Palabra clave n° 1: ....

Palabra clave n° 2: ....

Palabra clave n° 3: ....

JUEVES

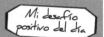 Mi desafío positivo del día

El yock

El yock es una técnica de liberación que consiste en liberarse de todas las tensiones visualizando el estrés roto por un sable gigantesco al mismo tiempo que lanzas un grito liberador.

¡Sí!

Hoy, ¡suelta todas tus tensiones con ayuda de un yock!

Aíslate en la naturaleza, en una habitación cerrada, en el coche o en cualquier otro lugar desierto. Imagina una bolsa grande colocada en el suelo, a un metro de tus pies, que contiene tu estrés. Sacude tus brazos, tus manos como si buscaras echar en esa bolsa el resto de tus tensiones. Luego, imagina que empuñas un sable gigante, que lo levantas muy alto encima de tu cabeza. Inspira profundamente y con un gran golpe, deja caer el sable y corta la bolsa gritando con todas tus fuerzas «Yooooock». Recupera el aliento y recomienza una segunda vez.

✎ Lo que retengo de bueno de ese grito:

Palabra clave n° 1: ....

Palabra clave n° 2: ....

Palabra clave n° 3: ....

VIERNES

Mi técnica positiva del día

Mi desafío positivo del día

La meditación

La meditación es la técnica de liberación por excelencia. Consiste simplemente en respirar con toda tu conciencia, dejando pasar los pensamientos, las sensaciones y las emociones sin retenerlas.

Hoy, ¡regálate una sesión de meditación!

Elige un momento favorable en un ambiente calmo, donde puedas estar tranquila. Instálate cómodamente, respira profundamente, vigilando que tu columna esté como si un hilo la estirara desde lo alto de la cabeza. Aprecia el momento. Cierra los ojos y acoge —dejándolos pasar— tus pensamientos, tus sensaciones y tus emociones.

✎ Lo que retengo de bueno de este ejercicio de meditación:

Palabra clave n° 1: ....

Palabra clave n° 2: ....

Palabra clave n° 3: ....

SÁBADO

Mi desencadenante positivo de la semana

Relee tu objetivo positivo de la página 12 y también las 15 palabras clave de esta semana. ¿Qué te permiten comprender? ¿Qué desencadenantes positivos retienes de esta primera semana de coaching?

....

....

....

....

DOMINGO

EVALUACIÓN

¿Te ha gustado estimular tu liberación? Intenta entonces estas ideas que te proponemos.

Mi lista liberadora

☐ Comprarme un punching-ball

☐ Hacer una sesión de romper platos para liberar mi estrés

☐ Inscribirme en un club de boxeo o en cursos de entrenamiento de lucha

☐ Liberar mi rabia escribiendo una serie de insultos y luego quemar la hoja

☐ Saltar al vacío con un elástico o hacer un salto en paracaídas

👍 *¡Puedes estar orgullosa de ti!*

¡Felicitaciones! Esta semana has conseguido liberarte a varios niveles. Con la técnica de ELT o la carta de perdón, ya sabes cómo no dejarte invadir por las emociones negativas. Con el método de gestión de prioridades, como el método MGT, has aprendido a liberar tu espíritu. Y finalmente con el «yock» y la meditación has probado técnicas para soltar todas tus tensiones. Entonces, para dejar más lugar a lo positivo en tu vida, piensa regularmente en liberar tu cuerpo, tu corazón y tu mente.

Las diferentes formas de meditación

Existen numerosas técnicas de meditación, tú puedes encontrar la que mejor te convenga:
- la meditación de la plena conciencia (reducción del estrés por medio de la plena conciencia)
- la meditación dinámica: alternancia de movimientos y respiraciones
- la meditación de la risa: alternancia de risas y respiraciones
- la meditación por el canto: alternancia de respiraciones y sonidos
- la danza meditativa: alternancia de respiración y danza
- la marcha meditativa: respiraciones mientras caminas
- la meditación de los mandalas: respiración y dibujos de mandalas
- la meditación de los chakras: respiraciones para armonizar los 7 chakras
- la meditación guiada: respiración acompañada por una voz externa

Semana 2: ¡Estimulo mi sentido de la anticipación!

El sentido de la anticipación es prever lo mejor como lo peor con toda serenidad, para seguir dominando la situación. Esta semana, déjate guiar por tu capacidad de anticipación. ¿Preparada para zambullirte en un futuro positivo?

LUNES

Mi técnica positiva del día

Mi desafío positivo del día

Puesta en marcha positiva

La puesta en marcha positiva es una técnica de planificación dinámica que consiste en comenzar cada mañana determinando los 3 objetivos prioritarios del día.

Hoy, ¡lo primero que debes hacer al saltar de la cama es decidir los 3 objetivos positivos esenciales para aprovechar plenamente tu jornada!

Lo que retengo de bueno de esta puesta en marcha positiva:

Palabra clave n° 1: ....

Palabra clave n° 2: ....

Palabra clave n° 3: ....

El truco: Estos objetivos deben ser atractivos, tienes que sentir que te dará placer realizarlos. Para evitar el fracaso y la frustración, vigila para que sean EMAR-TEP (página 11).

MARTES

Mi técnica positiva del día

Mi desafío positivo del día

El método de la elección ganadora

La elección ganadora es una técnica que facilita la decisión frente a una elección. Se trata de hacer una lista de los aspectos más positivos de cada alternativa. ¡La mejor es la que cuenta!

Hoy, toma una decisión importante para tu futuro: elige gracias al método de la elección ganadora.
Haz una lista de los puntos positivos de cada opción (pedir tu mutación, volver con tu exnovio…).
Haz la elección por anticipación positiva: vuélcate en la solución que de antemano te provoca más entusiasmo.

Lo que retengo de este método de elección ganadora:

Palabra clave n° 1: ....

Palabra clave n° 2: ....

Palabra clave n° 3: ....

MIÉRCOLES

La escritura creativa

La escritura creativa es una técnica que permite concebir nuevos escenarios de vida o de futuro ideal a través de la escritura.

Mi desafío positivo del día

Hoy, escribe cómo se desarrollarán los dos días del fin de semana próximo.

Toma una hoja y un bolígrafo e instálate cómodamente. Describe todo con detalles, de la mañana del sábado hasta la noche del domingo: lo que quieres ver, lo que quieres vivir de agradable, de alegre, de tierno o de divertido.

 Lo que retengo de bueno de esta experiencia de escritura creativa:

Palabra clave n° 1: .... Palabra clave n° 2: .... Palabra clave n° 3: ....

JUEVES

Mi técnica positiva del día

Mi desafío positivo del día

El «yo» prohibido

El «yo» prohibido es una técnica de comunicación que permite anticipar nuestra actitud en una conversación, decidiendo de antemano no pronunciar nunca la palabra «yo» para dejar lugar al otro.

Hoy, prepara de antemano las conversaciones inevitables del día (los chismorreos de la mañana durante el café, la llamada de tu madre o el diálogo con tu compañero esta noche) porque… tienes prohibido decir «yo» durante todo el tiempo de la conversación. Evita también los pronombres como «mi», «mis» o «me».

Lo que retengo de bueno de esta conversación:

Palabra clave n° 1: ....

Palabra clave n° 2: ....

Palabra clave n° 3: ....

VIERNES

Mi técnica positiva del día

Mi desafío positivo del día

La respiración mágica

La respiración mágica es una técnica de relajación que reposa en la asociación de un pensamiento mágico con la respiración.

Hoy, cada vez que te enfrentes a una situación, pronuncia la frase «Todo va bien, todo es perfecto, todo es justo», al mismo tiempo que haces 3 ciclos de respiración profunda. Como si tu respiración mágica influenciara directamente la situación para mejorarla.

Lo que retengo de bueno de la respiración mágica:

Palabra clave n° 1: ....Palabra clave n° 2: ....Palabra clave n° 3: ....

SÁBADO

Mi desencadenante positivo de la semana

Relee tu objetivo positivo de la página 12 y también las 15 palabras clave de esta semana. ¿Qué te permiten comprender? ¿Qué desencadenantes positivos retienes de esta última semana de coaching?

· ·

· ·

· ·

· ·

DOMINGO

EVALUACIÓN

¿Te ha gustado estimular tu sentido de la anticipación? Intenta entonces estas ideas que te proponemos.

Mi lista del futuro

☐ Hacer una lista de los 10 lugares donde sueño ir al menos una vez en mi vida

☐ Hacer una lista de 10 celebridades que me gustaría conocer

☐ Hacer una lista de 10 veladas románticas que sueño compartir con mi pareja

☐ Hacer una lista de 10 proyectos profesionales que sueño con realizar

☐ Hacer una lista de 10 experiencias insólitas que te encantaría vivir

¡Puedes estar orgullosa de ti misma!

¡Bravo! Esta semana has aprendido a anticipar de manera positiva, en la ligereza y con toda delicadeza! Si la puesta en marcha positiva te permitió iniciar la jornada con entusiasmo, el «yo» prohibido te ha revelado seguramente la importancia de una escucha centrada en el otro. Esta semana has tomado conciencia de que para crear condiciones favorables para la relación con el otro, lo esencial es mantener una relación positiva con uno mismo. Elegir, prever, anticipar… ¡ya estás lista para entender mejor cualquier tipo de situación!

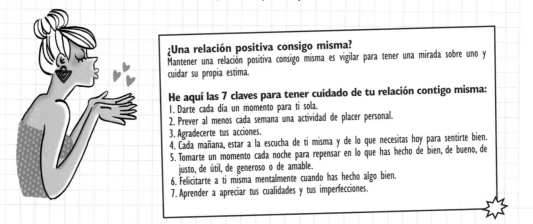

¿Una relación positiva consigo misma?
Mantener una relación positiva consigo misma es vigilar para tener una mirada sobre uno y cuidar su propia estima.

He aquí las 7 claves para tener cuidado de tu relación contigo misma:
1. Darte cada día un momento para ti sola.
2. Prever al menos cada semana una actividad de placer personal.
3. Agradecerte tus acciones.
4. Cada mañana, estar a la escucha de ti misma y de lo que necesitas hoy para sentirte bien.
5. Tomarte un momento cada noche para repensar en lo que has hecho de bien, de bueno, de justo, de útil, de generoso o de amable.
6. Felicitarte a ti misma mentalmente cuando has hecho algo bien.
7. Aprender a apreciar tus cualidades y tus imperfecciones.

Semana 3: ¡Estimulo mi actitud zen!

La actitud zen es saber identificar, acoger, expresar y compartir sus emociones y las de los otros, manteniéndote serena. Esta semana, desarrollarás tu actitud zen.

LUNES

Mi técnica positiva del día

Mi desafío positivo del día

La cromoterapia

La cromoterapia es una técnica que utiliza los colores para mejorar nuestro estado psicoemocional.

Hoy, rodéate de colores que te hacen sentir zen, gracias a la cromoterapia.

Para esto, piensa en 3 colores que te calman, precisa por qué esos colores te hacen bien y encuentra o coloca al menos un objeto de este color cerca de ti.

Color 1: .... ¿Por qué? ....

Color 2: .... ¿Por qué? ....

Color 3: .... ¿Por qué? ....

Lo que retengo de bueno de la cromoterapia:

Palabra clave n° 1: ....Palabra clave n° 2: ....Palabra clave n° 3: ....

MARTES

Mi técnica positiva del día

Mi desafío positivo del día

El rito

Un rito es un conjunto de pequeñas acciones encadenadas en un orden particular y realizadas de manera específica (como el rito de acostarse, el rito de la limpieza semanal, de la salida de vacaciones).

Hoy, créate un nuevo rito positivo, que te garantizará al menos un momento de relax cada semana. Toma tu agenda y anota de antemano un momento de relax (meditación, salida al bosque, sauna, hamman, jacuzzi…) que será a partir de entonces tu rito zen de la semana.

Lo que retengo de bueno de este rito:

Palabra clave n° 1: ....

Palabra clave n° 2: ....

Palabra clave n° 3: ....

MIÉRCOLES

Mi técnica positiva del día

Mi desafío positivo del día

El mimo

El mimo es una técnica muy eficaz en desarrollo personal para aprender a vivir las emociones más dispares con toda seguridad y sin utilizar la menor palabra. ¡Vamos allá!

Hoy, debes mimar estados emocionales positivos, alegría, entusiasmo, alivio, orgullo o calma. Ponte de pie y mima con expresiones del rostro, pero también con tu postura, tus movimientos y tus gestos. ¿Qué te sucede? Si lo haces con más gente es más interesante. ¿Quién se llevará el Oscar a la mejor actriz?

Lo que retengo de bueno durante esas mímicas:

Palabra clave n° 1: ....

Palabra clave n° 2: ....

Palabra clave n° 3: ....

JUEVES

Mi técnica positiva del día

Mi desafío positivo del día

La olfatoterapia

La olfatoterapia es una técnica de desarrollo personal que utiliza el impacto de los aromas sobre el estado emocional.

Hoy, descubre las emociones que provocan en ti todos los olores de tu jornada (plantas, platos, lugares o el olor de una persona).

Lo que retengo de bueno de esta experiencia de los olores:

Palabra clave n° 1: ....Palabra clave n° 2: ....Palabra clave n° 3: ....

VIERNES

Mi técnica positiva del día

Mi desafío positivo del día

La psicología positiva

La psicología positiva es la ciencia que estudia especialmente los puntos comunes de las personas más felices y pone en evidencia los factores que favorecen la felicidad.

Hoy, anota todos los momentos de felicidad, todas tus pequeñas alegrías, o tus pequeños placeres (una sonrisa, un rayo de sol, un aroma, un gesto, una escena, una conversación, una mirada…) ¡Cada pequeña emoción positiva debe brillar!

Lo que retengo de bueno de estas alegrías del día::

Palabra clave n° 1: ....

Palabra clave n° 2: ....

Palabra clave n° 3: ....

El truco: Para cada olor, debes estar atenta a lo que piensas y sientes, y escribe los que más te calman.

SÁBADO

Mi desencadenante positivo de la semana

Relee tu objetivo positivo de la página 12 y también las 15 palabras clave de esta semana. ¿Qué te permiten comprender? ¿Qué desencadenantes positivos retienes de esta última semana de coaching?

....
....
....
....

DOMINGO

EVALUACIÓN

¿Te ha gustado estimular tu actitud zen? Intenta entonces estas ideas que te proponemos.

Mi lista zen

☐ Amueblar mi casa en modo *feng shui*
☐ Inscribirme en un fin de semana de meditación
☐ Regalarme un masaje ayurvédico
☐ Participar en un taller de felicidad
☐ Tomar un baño con aceites esenciales
☐ Decorar mi espacio exterior como un jardín zen

¡Puedes estar orgullosa de ti!

¡Felicitaciones! Esta semana has conseguido identificar tus emociones y expresarlas de maneras distintas. Ya sea con los colores, los aromas o las mímicas, has podido constatar que las emociones no solo pasan por las palabras. Al descubrir la importancia de los rituales positivos, has comprendido que puedes cultivar tus emociones positivas. ¡Cuídate tanto como cuidas a los demás!

Desarrollar tus emociones positivas.
He aquí siete trucos para estimular tus emociones positivas.
1. Comenzar tu día, automáticamente, con una sonrisa, incluso antes de abrir los ojos.
2. Cada noche, escribe las 3 bonitas emociones que has sentido durante el día.
3. En cuanto sientas una emoción positiva, compártela rápidamente con alguien.
4. Escribe en un post-it las emociones positivas que te gustaría sentir más a menudo y pégalo en el espejo.
5. Haz una pausa cada media jornada para respirar 3 veces con una sonrisa.
6. Mira al menos dos veces por semana una serie o una película divertida.
7. Piensa en decirle a la gente que quieres, que la quieres.

Hemos llegado al final de nuestro coaching. Cita rápidamente en la página 83 para evaluar tus progresos.

Coaching positivo número 6:
¡Despierta a la iluminada positiva que duerme en ti!

Tus respuestas al test de las fuerzas naturales te han orientado hacia el coaching positivo número 6. Podrás reforzar tu espiritualidad, tu apertura de espíritu, al servicio de tu positivismo. Durante las próximas 3 semanas, desarrollarás aún más tu gusto por la belleza y la excelencia, tu fe en la vida, en el futuro o en algo más grande, tu gratitud, tu esperanza y tu optimismo, pero también tu humor y tu alegría cotidiana. Sentirse iluminada es coger altura y ver la vida de otra manera, con una mirada más amplia, más rica y más profunda. Pero, al mismo tiempo, es considerar el mundo con ligereza, con entusiasmo y tolerancia. Con ayuda de las técnicas como el mandala, la danza intuitiva o el yoga de la risa, ¡déjate guiar día tras día hacia una vida desbordante de visiones e inspiraciones positivas!

Semana 1: ¡Estimulo mi capacidad de asombro!

El asombro es la capacidad de sorprenderse, de sentirse deslumbrado, subyugado o bajo el encanto de algo, ya sea de una persona, de un espectáculo. El asombro puede tomar diferentes formas, que van del encantamiento a la fascinación o la sorpresa.

Esta semana, déjate acunar por esta emoción un poco mágica que es el asombro frente a la belleza, la excelencia, el descubrimiento, el misterio, la novedad o aun algo más importante. ¡Mantén la cabeza en las nubes!

LUNES

Mi técnica positiva del día

Mi desafío positivo del día

La fototerapia
La fototerapia es una técnica que contribuye a nuestro

personal a través de la fotografía, y nos invita a convertirnos en el modelo o bien en el fotógrafo.

Hoy, vas a utilizar Instagram sobre todas las cosas bonitas que veas (el detalle de una flor o una tela, una calle insólita, un graffiti artístico escondido en lo alto de una fachada, una copa amistosa con unas amigas, dos enamorados que han olvidado el mundo a su alrededor…). Es el momento de probar tu nuevo Smartphone y su función macro.

✎ Lo que retengo de bueno de esta jornada foto:

Palabra clave n° 1: ....Palabra clave n° 2: ....Palabra clave n° 3: ....

MARTES

La caja de elogios

La caja de elogios es utilizada en el desarrollo personal para estimular la confianza en sí mismo. Consiste en anotar en un trocito de papel cada elogio que recibimos y guardarlo en una caja. ¡Para abrirla en los momentos de duda!

Hoy, ¡crea una caja de elogios, tu pequeño tesoro de bombones para ti! Compra una caja bonita que puedes decorar o que ya tengas. Desliza de inmediato una primera nota, un elogio que te conmovió particularmente. Y a partir de ahora, deposita un papelito con cada elogio que te hagan.

Lo que retengo de bueno de mi caja de elogios:

Palabra clave n° 1: ....

Palabra clave n° 2: ....

Palabra clave n° 3: ....

MIÉRCOLES

La logoterapia

La logoterapia es una psicoterapia que sirve para descubrir el sentido de la vida, encontrar la fuerza de superar todos los obstáculos y mantener su equilibrio interior. ¿Por qué estoy en la Tierra? ¿Cuáles son las razones de vivir? ¿Cuáles son mis valores esenciales? ¿Mis experiencias traumatizantes tienen un objetivo?

Hoy, haz una lista de 3 razones que podrían dar sentido a tu vida. Para esto, identifica tres cosas que hayas aportado al mundo o 3 misiones de vida que podrías tener.

Mi 1ª razón de vivir: ....

Mi 2ª razón de vivir: ....

Mi 3ª razón de vivir: ....

El sentido que he descubierto a mi vida:

Palabra clave n° 1: ....

Palabra clave n° 2: ....

Palabra clave n° 3: ....

JUEVES

Mi técnica positiva del día

Mi desafío positivo del día

El mandala

Un mandala es una creación artística que representa un círculo en el que se armonizan diferentes formas, diversos dibujos, palabras, colores, movimientos o símbolos. Es una herramienta muy utilizada en terapia artística como soporte de expresión, de relajación o, más globalmente, de desarrollo personal.

Hoy, dibuja tu mandala de la actitud positiva. Para esto, simplemente traza un gran círculo y busca unos lápices de color o rotuladores o incluso bolígrafos especiales (dorados, con purpurina) o etiquetas de fantasía, etc. Luego, concéntrate en la actitud positiva y deja libre curso a tu creatividad para llenar todo el interior de ese círculo de formas simétricas o no, artísticas o simbólicas... ¡pero positivas! Incluso puedes integrar algunas palabras de forma armoniosa.

Lo que retengo de bueno de este mandala:

Palabra clave n° 1: ....

Palabra clave n° 2: ....

Palabra clave n° 3: ....

VIERNES

Mi técnica positiva del día

Mi desafío positivo del día

La carta de excelencia

La carta de excelencia consiste en expresar por escrito nuestra admiración a una persona que represente, según nuestra opinión, la perfección en lo que hace, lo que dice o lo que ha hecho.

Hoy, redacta una carta de excelencia **dirigida** a una persona que, según tu opinión, ha realizado una obra, un proyecto o una contribución inestimable para el mundo. Exprésale las razones de tu admiración, como una fan frente a su ídolo. ¡Cuidado, no caigas en la histeria ni te desmayes de emoción!

Lo que retengo de bueno de esta carta:

Palabra clave n° 1: ....

Palabra clave n° 2: ....

Palabra clave n° 3: ....

SÁBADO

Mi desencadenante positivo de la semana

Relee tu objetivo positivo de la página 12 y también las 15 palabras clave de esta semana. ¿Qué te permiten comprender? ¿Qué desencadenantes positivos retienes de esta primera semana de coaching?

....
....
....
....

DOMINGO

EVALUACIÓN

¿Te ha gustado estimular tu capacidad de asombro? Intenta entonces estas ideas que te proponemos.

Mi lista para que me brillen estrellas en los ojos

☐ Ver una puesta de sol en una playa paradisíaca
☐ Hacer el amor al pie de una cascada
☐ Vivir un momento estilo *Pretty woman*
☐ Montar a caballo en una playa
☐ Ver la aurora boreal
☐ Hacer un viaje por el espacio

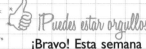 *¡Puedes estar orgullosa de ti!*

¡Bravo! Esta semana has abierto los ojos y tu corazón a la belleza del mundo, bajo todas sus formas. Ya no ves el mundo de la misma manera porque lo has fotografiado bajo su mejor luz o dibujado bajo la perspectiva de la actitud positiva. Y, sin duda, has constatado que la vida parece más bella cuando está acunada por elogios y cuando te implicas en una misión en la vida. ¡Así que sigue maravillándote y difunde a tu alrededor esta oleada de positividad sobre el mundo!

¿Las misiones de vida?

Los investigadores en psicología positiva han visto que hay personas que tienen una capacidad para reaccionar a pesar de los pesares de la vida porque tienen una misión de vida.

Concretamente, se trata de preguntarse cuál es el sentido de la vida en la Tierra, cuál es tu misión en el mundo y cómo puedes actuar para llevar a cabo esa misión. Tener un objetivo permite sortear más fácilmente los obstáculos.

Aquí tienes 6 ejemplos de misiones de vida:
– Despertar lo mejor de los otros.
– Traer hijos al mundo.
– Contribuir a la protección de los animales.
– Crear lazos entre la gente.
– Favorecer la apertura de espíritu.
– Dar amor al mayor número posible de gente.

Semana 2. ¡Estimulo mi gratitud!

La gratitud es experimentar un sentimiento profundo de reconocimiento hacia una persona o una situación que nos ha aportado un enorme bienestar. Esta semana, ofrece tu gratitud sincera y profunda.

LUNES

Mi técnica positiva del día

Mi desafío positivo del día

La libreta positiva

La libreta positiva es un soporte que, en el marco de un coaching positivo, permite anotar cada día lo positivo de la vida.

Hoy, crea tu libreta positiva y comienza a escribir tu gratitud.

Compra una libreta o un cuaderno bonito (si te apetece, decóralo) y escribe como título «Mi libreta positiva». Luego escribe en la primera página el comienzo de una frase: «Estoy agradecida a la vida porque…» Completa con tantas proposiciones como puedas.

Lo que retengo de bueno de esa libreta positiva:

Palabra clave n° 1: ....Palabra clave n° 2: ....Palabra clave n° 3: ....

MARTES

Mi técnica positiva del día

Mi desafío positivo del día

La carta de agradecimiento

La carta de agradecimiento sirve para expresar toda la gratitud que se siente hacia alguien.

Hoy, escribe una carta de gratitud a la persona que más cuenta en tu vida. **Exprésale todo lo que sientes por ella, todo lo que le agradeces** (lo que ha podido hacer por ti, y luego también todo lo que te proporciona con su presencia y su manera de ser).

Lo que retengo de bueno de esta carta de gratitud:

Palabra clave n° 1: ....Palabra clave n° 2: ....Palabra clave n° 3: ....

MIÉRCOLES

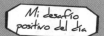

La visita de gratitud

La visita de gratitud es una acción de coaching positivo, que nos invita a visitar a una persona para expresarle toda nuestra gratitud frente a frente.

Hoy, tienes cita con una persona importante para ti y a quien expresarás tu enorme gratitud.
Explícale, mirándola a los ojos, por qué quieres agradecerle de todo corazón.
Si tu voz comienza a temblar o tus ojos se llenan de lágrimas, sigue de todas maneras. Será un momento mágico.

Lo que retengo de bueno de esta visita de gratitud:

Palabra clave n° 1: ....

Palabra clave n° 2: ....

Palabra clave n° 3: ....

JUEVES

La danza intuitiva

La danza intuitiva es una técnica de danza que nos invita a dar libre curso a nuestros desplazamientos, nuestros movimientos y nuestros gestos, dejándonos llevar por el ritmo y la emoción que crea la música.

Hoy, baila para agradecer a la vida, al mundo, al Universo o algo mucho más grande todavía.

Lo que retengo de bueno de esta danza intuitiva:

Palabra clave n° 1: ....

Palabra clave n° 2: ....

Palabra clave n° 3: ....

El truco: Apaga tu teléfono, instálate en un lugar donde estés completamente sola. ¡Pon la música, cierra los ojos si eso puede ayudarte, sube el volumen y muévete!

VIERNES

La piedra de anclaje

La piedra de anclaje es una piedra a la que se asocia una emoción para reconectarse en caso de necesidad.

Hoy, crea la piedra de la gratitud.
Para eso, encuentra una piedra cuya forma, tamaño y color te gusten. Cierra los ojos, con tu piedra en la mano, y respira profundamente algunos minutos, convocando toda la gratitud que sientes en ti. Abre los ojos y escribe con esmalte o lápiz de ojos la palabra «gratitud» en la piedra. Ponla en un sitio donde te sea útil: en la mesilla de noche, en tu despacho o en tu bolso de mano.

✏️ *Lo que retengo de bueno en esa piedra de gratitud:*

Palabra clave n° 1: ....Palabra clave n° 2: ....Palabra clave n° 3: ....

SÁBADO
Mi desencadenante positivo de la semana

Relee tu objetivo positivo de la página 12 y también las 15 palabras clave de esta semana. ¿Qué te permiten comprender? ¿Qué desencadenantes positivos retienes de esta segunda semana de coaching?

....
....
....
....

DOMINGO
EVALUACIÓN

¿Te ha gustado estimular tu sentimiento de gratitud? Intenta entonces estas ideas que te proponemos.

Mi lista agradecida

☐ Escribir una carta de gratitud a mis padres
☐ Escribir una carta de gratitud a mi mejor amiga/o
☐ Escribir una carta de gratitud a mi pareja
☐ Escribir una carta de gratitud a mis hijos (o futuros hijos)
☐ Escribir una carta de gratitud a un profesor que me haya marcado
☐ Escribir una carta de gratitud al Universo
☐ Escribirme una carta de gratitud a mí misma

👍 *¡Puedes estar orgullosa de ti!*

¡Felicitaciones! Esta semana, has conseguido sentir pero también expresar tu gratitud. Con palabras (en tu libreta positiva, en una carta o durante una visita de gratitud) o bien a través de tu cuerpo con la danza intuitiva. ¡Un pequeño sentimiento de reconocimiento cada día te dará una visión siempre más positiva de la vida!

Las 7 fuentes principales de gratitud
1. La gratitud por una acción: un gesto agradable, una actitud que te afecta.
2. La gratitud por una presencia: un apoyo bienvenido e indefectible.
3. La gratitud por la suerte: el sentimiento de tener una vida maravillosa, de tener suerte...
4. La gratitud por la naturaleza: una forma de amor hacia la naturaleza, las plantas, los animales.
5. La gratitud **por el Universo**: el sentimiento de estar ligada, conectada a los otros, al mundo, al Universo...
6. La **gratitud por una forma de dios**: una fuerza superior que vela por ti...
7. La **¡gratitud para ti misma!**

Semana 3: ¡Estimulo mi vivacidad!

La vivacidad es la capacidad de reír, aportar alegría y buen humor, ver siempre el buen lado de las cosas y lo mejor que llegará. Esta semana, refuerza tu buen humor, tu esperanza y tu optimismo.

LUNES

Mi técnica positiva del día

Mi desafío positivo del día

El EMDR positivo

El EMDR (desensibilización y reprogramación por los movimientos de los ojos) es una terapia utilizada principalmente para desprenderse de un traumatismo. En su versión positiva, el EMDR permite reforzar los recursos positivos internos.

Hoy, realiza un ejercicio EMDR positivo.
Busca en Internet un video de EMDR.
Focaliza tu intención con el objetivo de estimular tu humor y tu entusiasmo.

Lo que retengo de bueno del EMDR positivo:

Palabra clave n° 1: ....Palabra clave n° 2: ....Palabra clave n° 3: ....

MARTES

Mi técnica positiva del día

Mi desafío positivo del día

Las llamadas automáticas

La llamada automática integrada en los Smartphone y las agendas electrónicas permiten recibir un mensaje de recuerdo recurrente a la hora y al ritmo que uno desea.

Hoy, programa 4 llamadas automáticas por día que te harán sonreír o te darán confianza.

Lo que retengo de bueno de estas llamadas automáticas:

Palabra clave n° 1: ....

Palabra clave n° 2: ....

Palabra clave n° 3: ....

El truco: Formúlalas de forma positiva como «¡Arriba, preciosa, esta jornada será estupenda!» o «¡La vida es un juego!». «¡Piensa en divertirte!» o «Todo es posible, ¡tienes la fuerza en ti!».

MIÉRCOLES

Mi técnica positiva del día

Mi desafío positivo del día

El pensamiento creativo

El pensamiento creativo es una técnica de desarrollo personal que se apoya en la creencia de que todo lo que pensamos influye en lo que somos y por eso también lo hace en nuestras relaciones y nuestra vida en general.

Hoy, haz como si tuvieras un sol en tu interior, que brilla e ilumina a todos aquellos con quienes te cruzas (los allegados como los desconocidos). ¡Observa el efecto que produces!

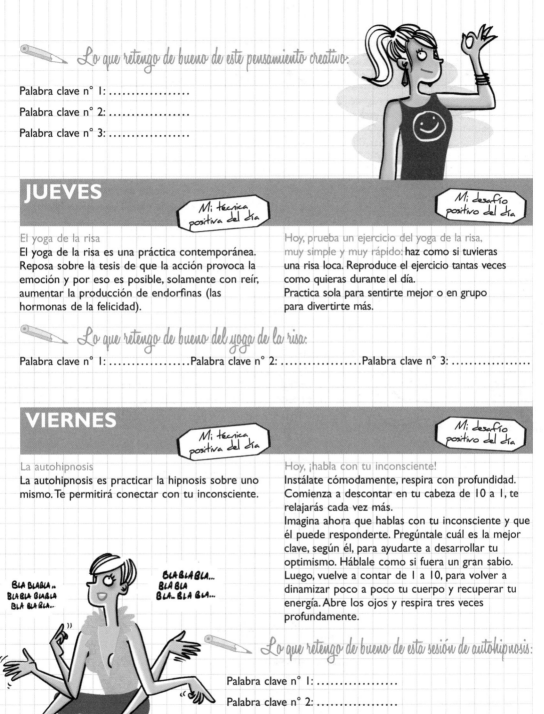

✎ *Lo que retengo de bueno de este pensamiento creativo:*

Palabra clave n° 1: ....

Palabra clave n° 2: ....

Palabra clave n° 3: ....

JUEVES

Mi técnica positiva del día

Mi desafío positivo del día

El yoga de la risa

El yoga de la risa es una práctica contemporánea. Reposa sobre la tesis de que la acción provoca la emoción y por eso es posible, solamente con reír, aumentar la producción de endorfinas (las hormonas de la felicidad).

Hoy, prueba un ejercicio del yoga de la risa, muy simple y muy rápido: haz como si tuvieras una risa loca. Reproduce el ejercicio tantas veces como quieras durante el día.
Practica sola para sentirte mejor o en grupo para divertirte más.

✎ *Lo que retengo de bueno del yoga de la risa:*

Palabra clave n° 1: ....Palabra clave n° 2: ....Palabra clave n° 3: ....

VIERNES

Mi técnica positiva del día

Mi desafío positivo del día

La autohipnosis

La autohipnosis es practicar la hipnosis sobre uno mismo. Te permitirá conectar con tu inconsciente.

Hoy, ¡habla con tu inconsciente!

Instálate cómodamente, respira con profundidad. Comienza a descontar en tu cabeza de 10 a 1, te relajarás cada vez más.
Imagina ahora que hablas con tu inconsciente y que él puede responderte. Pregúntale cuál es la mejor clave, según él, para ayudarte a desarrollar tu optimismo. Háblale como si fuera un gran sabio. Luego, vuelve a contar de 1 a 10, para volver a dinamizar poco a poco tu cuerpo y recuperar tu energía. Abre los ojos y respira tres veces profundamente.

BLA BLABLA...
BLA BLA BLABLA
BLA BLA BLA...

BLA BLA BLA...
BLA BLA
BLA...BLA BLA...

✎ *Lo que retengo de bueno de esta sesión de autohipnosis:*

Palabra clave n° 1: ....

Palabra clave n° 2: ....

Palabra clave n° 3: ....

SÁBADO

Mi desencadenante positivo de la semana

Relee tu objetivo positivo de la página 12 y también las 15 palabras clave de esta semana. ¿Qué te permiten comprender? ¿Qué desencadenantes positivos retienes de esta última semana de coaching?

....
....
....
....

DOMINGO

EVALUACIÓN

¿Te ha gustado estimular tu vivacidad? Intenta entonces estas ideas que te proponemos.

Mi lista de la risa

- ☐ Asistir a un espectáculo cómico que te haga reír mucho
- ☐ Participar en un cursillo de yoga de la risa
- ☐ Hacer una sesión de cosquillas con tus hijos
- ☐ Mirar regularmente películas humorísticas
- ☐ Escuchar por la radio emisiones de risa y canciones
- ☐ Mirar en Youtube videos graciosos
- ☐ Suscribirse a un *cómic* divertido

👍 *¡Puedes estar orgullosa de ti!*

¡Felicitaciones! Esta semana has conseguido encontrar múltiples maneras de provocar la risa, la sonrisa y la alegría. Ya sea a nivel consciente o inconsciente, tienes recursos en ti para estimular tu optimismo y ver la vida de manera positiva cada vez con más facilidad. ¡Debes irradiar cada día!

Los recursos del optimismo
Un optimista acoge sus emociones positivas con placer. Pero, además, las difunde a su alrededor y a sus otros pilares de vida.
Ejemplo: aperitivo en casa para festejar una buena noticia del trabajo.
Por el contrario, acoge las emociones menos agradables con benevolencia, pero no las difunde. Ejemplo: aperitivo en casa para pensar en otra cosa.
Un pesimista hace lo contrario: difunde sus emociones negativas pero guarda para sí las emociones positivas. Ejemplo: tono agresivo en casa tras una mala noticia en el trabajo y ningún impacto positivo en casa después de un triunfo laboral.

Capítulo 5

¡Mantengo mi equilibrio positivo!

Evaluación del coaching

Han pasado tres semanas desde que has abierto este cuaderno por primera vez. Has tenido ocasión de probar las técnicas y superar los desafíos que te han llevado a tomar conciencia de muchas cosas. Has tenido muchos desencadenantes para estimular tu actitud positiva y avanzar hacia tu sueño de vida. Ahora haremos una corta evaluación…

Mis desencadenantes positivos del coaching

Relee los desencadenantes que has anotado cada semana. ¿Qué retienes de bueno para ti? ¿Para positivar?

....

....

Es genial constatar que algo ha cambiado en ti, ¿no es así? Si se juntan, esos pequeños desencadenantes, son la base de tu transformación. Poco a poco, impactan concretamente en tu nivel general de pensamiento positivo. ¡Veamos ahora en qué punto te sitúas realmente!

El avance hacia mi objetivo

Siempre es un placer hacer tests de personalidad, cumplir desafíos positivos, plantearte preguntas sobre ti misma, experimentar nuevas cosas y sentir en ti esos famosos desencadenantes positivos. Aun será mejor cuando constates un avance positivo en tu vida, hacia tus objetivos y hacia tu sueño de vida, ¿no te parece?

Mi nivel de pensamiento positivo

Recuerda: tu objetivo de coaching fijaba un nivel de pensamiento positivo a alcanzar. ¡Has conseguido tu objetivo? ¿Lo has estimulado con relación a tu balance de comienzo, en la página 8?

1	2	3	4	5	6	7	8	9	10

→ **Si has alcanzado tu objetivo:** ¡Felicitaciones! Eres muy capaz. Debes ser una persona positiva y bien plantada en la vida. Evidentemente, a veces tienes algunas complicaciones. Para liberarte de ellas, equilibra tus pilares de vida (página 85).

→ **Si no has alcanzado tu objetivo:** ¡No te preocupes! ¿Acaso no has progresado un poquito? Sin duda, simplemente te falta un poco de entrenamiento. El truco: practicar rituales positivos (ver página 90) para practicar cada día como los grandes deportistas.

Mis avances hacia mi sueño de vida

Gracias a ese pilar de vida estimulado, has descubierto nuevas herramientas para mejorar tus capacidades y tu bienestar global. ¿Te has acercado a tu sueño de vida?, ¿de qué manera?

....
....

¿Qué es lo que te permitirá hacer en tu vida a partir de ahora?

....
....

¿Qué te falta para proseguir en tu camino hacia la realización de tu sueño?

....
....

¿Un segundo coaching?

¡Lo más importante es decirte que puedes reforzar tu actitud positiva aún más! ¿Quieres seguir avanzando hacia tu sueño de vida? ¡Vamos, comienza un nuevo coaching con un segundo objetivo positivo! Puedes volver al comienzo de este cuaderno para realizar otras tres semanas de coaching positivo. Determina un nuevo pilar de vida para reforzar (ver página 85). Y, para variar los placeres y desarrollar otras fuerzas positivas al servicio de tu sueño, elige otro programa de coaching positivo entre los seis que te proponemos. ¡Así puedes ofrecerte una formación positiva completa! Y como la actitud positiva hay que mantenerla, antes de cerrar este cuaderno, descubre cómo mantener tu equilibrio positivo con ayuda de un método simple y eficaz.

¡MANTENGO MI EQUILIBRIO POSITIVO!

84

Doy estabilidad a lo positivo de mis pilares de vida

Como ya habrás notado, nuestra vida se compone de varios dominios esenciales que contribuyen a nuestro equilibrio. Si algunos nos preocupan mucho (la vida amorosa, la vida profesional y la vida familiar están a menudo en el centro de discusión), otros no deben descuidarse. Ya que incluso si esos tres pilares se mantienen en una cierta energía positiva, ¿piensas que, paralelamente, si tienes una deuda de 30.000 euros, una amiga que se niega a responder a tus llamadas, una migraña crónica o el reflejo de evitar todos los espejos por miedo a verte, estarías tan tranquila?

¿La buena noticia? Ningún pilar es únicamente negativo. Pero, sobre todo: es posible reforzar lo positivo en el seno de cada uno. Entonces, haz ahora la evaluación de los pilares de vida (cada mes o cada año).

Evalúo mi nivel de positivismo de mis pilares de vida

En cada uno de los pilares de vida que siguen, anota tus puntos fuertes, lo que ya te ha proporcionado placer, bienestar, energía, fuerza o amor.

Vida amorosa

(En mi relación de pareja, por ejemplo: la confianza, el respeto, la complicidad, la sexualidad, la ternura, la fidelidad, los tiempos compartidos, la libertad, etc. Si estoy soltera: la independencia, la amistad, el dinamismo, el desarrollo personal, etc.)

Los +

X ....
X ....
X ....
X ....
X ....

Vida familiar

(Por ejemplo: la buena relación con mi madre, mi padre, mis hermanos y hermanas, mis hijos, mi familia, mis valores familiares, los rituales o las citas familiares, etc… y lo que me aportan.)

Los +

X ....
X ....
X ....
X ....

Vida profesional

(Por ejemplo: mis horarios, mi salario, la seguridad del contrato fijo, mis relaciones con los colegas, con mi jefe, mi realización, mis responsabilidades, mi autonomía.)

Los +

X ....
X ....
X ....
X ....
X ....

¡MANTENGO MI EQUILIBRIO POSITIVO!

Vida social

(Por ejemplo: mis amigos, mis vínculos con la gente en general, la calidad o la cantidad de tiempo pasado con personas importantes para mí, mi apertura social.)

Los +

....
....
....
....
....

Placeres personales

(Por ejemplo: mis actividades de ocio, de relajación, mis pasiones, mis placeres simples.)

Los +

X..
X..
X..
X..
X..

Higiene de vida

(Por ejemplo: mi sueño, mi alimentación, mi salud, mis hábitos de cuidado del cuerpo.)

Los +

X..
X..
X..
X..
X..

Gestión de lo cotidiano

(Por ejemplo: mi gestión del tiempo, del dinero, de los papeleos administrativos, de mis prioridades, de mis tareas domésticas, las compras.)

Los +

X..
X..
X..
X..
X..

Acciones para el mundo

(Por ejemplo: mis acciones de generosidad, mi voluntariado, mi altruismo, mis derechos cívicos, la selección de residuos, el don de sangre, los donativos a asociaciones caritativas…)

Los +

X..
X..
X..
X..
X..
X..

Realización personal

(Por ejemplo: mi placer por aprender, mi realización personal, la imagen de mí misma, mis sueños de vida…)

Los +

X..
X..
X..
X..
X..

Estímulo lo positivo en cada uno de mis pilares de vida

Todos tus pilares de vida ya poseen algo positivo, ¡bravo! Pero no descanses en los laureles. Cuida cada uno de ellos y estimúlalos aún más. Para que te resulte más fácil utiliza el método de los pequeños pasos. Anota las pequeñas acciones EMARTEP (ver página 11), rápidas y fáciles de aplicar a corto plazo que podrán proporcionarte placer, bienestar, energía, fuerza y amor. ¡Esto no te costará nada pero te proporcionará mucho! Así progresarás en positivo sin ningún esfuerzo, sin casi darte cuenta. Y pronto estarás en lo mejor de lo mejor: lo positivo en todos tus pilares de vida.

Vida amorosa

(Por ejemplo: pasar un poco más de tiempo en pareja, prever vacaciones en plan enamorados, atreverte a expresarle tus deseos, prepararle una sorpresa para su cumpleaños…)

Lista de tareas positivas

X...

X...

X...

X...

X...

Vida familiar

(Por ejemplo: pasar un poco de tiempo con cada uno de tus hijos, organizar una salida familiar, tomarte el tiempo de conversar un rato cada noche, llamar a tu madre, visitar a tu hermano…)

Lista de tareas positiva

X...

X...

X...

X...

X...

Vida profesional

(Por ejemplo: ordenar mis cajones del despacho, pedir un aumento, cambiar de ordenador, lanzar un proyecto, atreverme a decir no, dejar de trabajar en casa…)

Lista de tareas positiva

X...

X...

X...

X...

X...

Vida social

(Por ejemplo: organizar una comida entre amigos, ir a visitar a tu mejor amiga, atreverte a salir a alguna parte aunque te sientas mal, llamar a un amigo de infancia, reconciliarme con otro…)

Lista de tareas positiva

X ....
X ....
X ....
X ....
X ....

Placeres personales

(Por ejemplo: darme tiempo cada semana para mí, para meditar, para darme un masaje, para broncearme, inscribirme en una asociación para todo el año, partir al mar, salir a bailar…)

Lista de tareas positiva

X ....
X ....
X ....
X ....
X ....

Higiene de vida

(Por ejemplo: comer más frutas y verduras, picotear menos entre las comidas, dejar de fumar, volver a hacer footing, pedir cita con el ginecólogo, el dermatólogo…)

Lista de tareas positiva

X ....
X ....
X ....
X ....
X ....

Gestión de lo cotidiano

(Por ejemplo: ordenar la pila de papeles administrativos, comprarme una pintura o una caligrafía japonesa para colgar en la pared, hacer una lista de mis obligaciones semanales.)

Lista de tareas positiva

X ....
X ....
X ....
X ....
X ....

Acciones por el mundo

(Por ejemplo: pedir mi tarjeta de donante de órganos, adherir a una asociación, convertirme en voluntario social, separar la ropa que no uso y donarla, comer comida ecológica.)

Lista de tareas positiva

X ....
X ....
X ....
X ....
X ....

Realización personal

(Por ejemplo: hacer un cursillo de desarrollo personal, pedir una cita con un coach, hacer 3 semanas de coaching positivo con mi *Cuaderno Pensamiento positivo*…)

Lista de tareas positiva

X ....
X ....
X ....
X ....
X ....

Evaluación general del pensamiento positivo

Después de haber hecho una síntesis de tus puntos positivos y de los que aún puedes estimular para alcanzar la actitud positiva que buscas, rellena tu rueda de la vida evaluando, en cada uno de los pilares de vida, tu nivel de pensamiento positivo, en una escala del 1 a 10. (1: no puedo más que sentirme más positiva en ese pilar/10: me siento totalmente positiva en ese pilar).

Cuando realices este balance de vida, recuerda que es esencial ser honesta contigo misma. Evalúa tu propio potencial: ¡no trates de compararte a los otros, ni sobrestimes tu estado para no decepcionarte, pero tampoco te subestimes para no retrasarte!

Tu objetivo de pensamiento positivo es doble

⇒ Tú puedes optar al objetivo de equilibrar tu nivel de pensamiento positivo en tus pilares de vida, de manera que tu rueda, sea como sea el tamaño, pueda rodar y continuar avanzando, a pesar de los obstáculos.

⇒ Luego, puedes optar al objetivo de aumentar el nivel de pensamiento positivo sobre el conjunto de tus pilares de vida, de manera armoniosa, para que tu rueda crezca y vaya más deprisa.

¡Conduzco hacia mi sueño!

Cuando miras tu rueda de vida, ¿te parece suficientemente equilibrada para avanzar en dirección a tu sueño? ¿Qué sucede si te imaginas que pasas de velocidad y conduces a 180 km/h? ¿Es lo bastante grande para permitirte alcanzar tu sueño en un plazo que te parezca razonable?

⇒ Si es así, ¡es el momento de comprometerte a mantener tu rueda en ese estado!

⇒ De lo contrario, ¡es el momento de comprometerte para equilibrarla o hacerla más grande!

Establecer rituales positivos

En una búsqueda de desarrollo personal o de
bienestar, la idea principal es cambiar algo en ti
y en tus hábitos. Como eres un ser humano ¡ese
tipo de cambios no se hacen en un abrir y cerrar
de ojos! Para obtener cambios duraderos con facilidad,
tienes que establecer algunos rituales. Realizar acciones
muy precisas y a horas fijas permite integrarlos con comodidad, para que se vuelvan automatismos.
Quizás ya tienes unos rituales positivos sin tener conciencia
de ello. O bien los han puesto en práctica cuando comenzaste
el coaching. Veamos más precisamente…

Mi lista de rituales positivos cotidianos

❑ Mis 3 profundas respiraciones al despertar, de buena mañana, con una sonrisa
❑ Mis 3 objetivos positivos del día que especifico cada mañana
❑ Mis 10 minutos de la mañana para mimarme y ponerme guapa (crema, maquillaje, perfume…)
❑ Mi frase positiva que anoto cada día en un post-it y que tengo a mano en mi trabajo
❑ El SMS que me envío a mí misma con un corazón o un smiley
❑ Mi sesión de meditación de 10 minutos cada día a la misma hora
❑ Mis 30 minutos de caminata activa por día
❑ Mis 3 felicidades del día, que anoto cada noche en mi libreta positiva
❑ Mi momento de gratitud cada noche, antes de dormir
❑ Mis otros rituales positivos cotidianos personales: ....

Mi lista de rituales positivos semanales

❑ Mi lista de objetivos positivos de la semana el lunes (que debe
   hacerse antes del domingo por la noche)
❑ Mi velada serie de televisión femenina el miércoles por la noche
❑ Mi sesión de gimnasia, de natación o de deporte de la semana
❑ Mi media jornada de libertad por semana (nada previsto de antemano)
❑ Mi velada sofá familiar el viernes por la noche
❑ Mi remoloneo en la cama el sábado por la mañana
❑ Mi caminata matinal cada domingo por la mañana
❑ Mi velada de enamorados cada domingo por la noche
❑ Mi evaluación positiva del fin de semana el domingo: puntos fuertes, puntos a mejorar
❑ Mis otros rituales semanales personales: ....

Mi lista de rituales positivos mensuales

- ❏ Mi lista de objetivos positivos del mes (los momentos positivos que quiero vivir este mes)
- ❏ Mi sesión mensual de masaje un viernes por la noche por mes
- ❏ Mi cita mensual con el peluquero o la esteticista (depilación, manicura…)
- ❏ Mi programa restaurante/cine con mi pareja una vez por mes
- ❏ Mi programa de compras con mi hija una vez por mes
- ❏ Mi salida familiar mensual (parque acuático, playa, bosque, parque de atracciones…)
- ❏ Mi velada entre amigas cada último lunes del mes
- ❏ Mi velada de permanencia voluntaria en algún centro asociativo
- ❏ Mi evaluación mensual de los pilares de vida a final de mes (ver página 89)
- ❏ Mis otros rituales positivos mensuales: ....

Mi lista de rituales positivos anuales

- ❏ Mi lista anual de objetivos positivos (los momentos positivos que quiero vivir este año)
- ❏ Mi semana de vacaciones en pareja por el mundo
- ❏ Mi semana de vacaciones en familia (cámping, club, etc…)
- ❏ Mi semana de cura desintoxicación
- ❏ Mi fin de semana con nuestras parejas amigas
- ❏ Mi reunión de familia con mis padres y toda la familia reunida
- ❏ Mi curso de desarrollo personal anual
- ❏ Mi evaluación anual de los pilares de vida en diciembre (ver página 89)
- ❏ Mis otros rituales anuales personales: ....

Mi planning de pequeños rituales

En todas estas listas, marca los nuevos rituales que te gustaría integrar en tu vida para mantener tu actitud positiva. No dudes en crear otros y marcarlos en el planning que sigue.

	Cada día	Cada semana	Cada mes	Cada año
¿Qué ritual/es?	....	....	....	....
¿Cuándo?	....	....	....	....

¡Algunos trucos para una higiene de vida positiva!

¡Para tener una vida 100% positiva, cuida tu cuerpo tanto como tus pensamientos! Estimula tu vitalidad con estos 5 pilares de la salud positiva.

Primer pilar: la respiración

Es el elemento que más contribuye a nuestra salud y a nuestra vitalidad. En cuanto carecemos de oxígeno perdemos nuestra fuerza.

👍 Truco

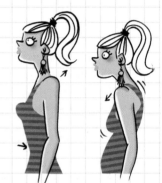

Para respirar mejor, haz trabajar tu diafragma: hincha al máximo tu vientre a la inspiración, bloquea durante 2 o 3 segundos y mete el vientre en la espiración. Esta técnica permite reducir eficazmente tus estados de estrés pero también mejora la concentración y aporta una sensación de bienestar.

Segundo pilar: la hidratación

El agua constituye el 76% de nuestro cerebro, el 90% de nuestros pulmones y el 84% de nuestra sangre. Transporta los nutrientes hacia nuestros órganos y mantiene el cuerpo a buena temperatura.

👍 Trucos

Para estar segura de estar bien hidratada, bebe el equivalente de 50 cl de agua por cada 15 k. Si pesas alrededor de 60 k, se necesitan 2 litros.
- Comienza tu jornada bebiendo un gran vaso de agua, es el momento en que te encuentras más deshidratada. Añade el zumo de un limón y permitirás que además tu cuerpo equilibre su pH.
- Bebe agua fuera de las comidas para facilitar la digestión.
- Consume el máximo posible de alimentos ricos en agua (frutas y verduras crudas o cocidas).

Tercer pilar: la alimentación

La elección de los alimentos es determinante para tu salud. ¿Qué necesita tu cuerpo para ser positivo?
– Un **70%** de alimentos ricos en agua (80% de verduras y 20% de frutas).
– Un aporte natural en azúcares no refinados, vitaminas, minerales, micronutrientes y fibras.
– Un **10%** de buenos lípidos (omega 3, omega 6, aceites de oliva, de lino, de aguacate).
– Un **10%** de buenas proteínas (leguminosas, semillas o pescados de aguas profundas).
– Un **10%** de hidratos de carbono (cereales completos, arroz, quinua, mijo…).

👍 **Trucos**

Reduce las cantidades y come simplemente lo que necesitas. No dudes en comer menos pero más a menudo a lo largo del día. Para aprovechar mejor tus comidas, come relajada y tómate tiempo para masticar bien.

Cuarto pilar: la actividad física

La actividad física es uno de los fundamentos de la salud positiva.

👍 **Trucos**

Aquí tienes 10 ideas para moverte cada día.

- ❏ 30 minutos de caminata activa
- ❏ 10 minutos de cama elástica por la mañana
- ❏ 5 a 10 minutos de footing
- ❏ 5 a 10 minutos de carcajadas
- ❏ 45 minutos de yoga, Pilates o gimnasia
- ❏ 45 minutos de salsa, swing o danza africana
- ❏ 45 minutos de zumba, fitness
- ❏ 2 horas de compras, limpieza y plancha
- ❏ 2 horas de cortacésped, reparaciones o jardinería
- ❏ 15 a 30 minutos de mimos con tu pareja

Quinto pilar: el sueño

No importa la cantidad sino la calidad de tu sueño, que influirá en tu nivel de energía. ¡Para ver la vida de color de rosa no hagas noches largas sino noches reparadoras!

👍 **Trucos**

- Levántate con los primeros rayos del sol y abre las persianas para aprovecharlos. Por la noche, al atardecer, evita las luces demasiado fuertes.
  - Come regularmente durante el día, no apuestes por una sola comida y, sobre todo, al anochecer evita las comidas copiosas.
    - No dudes en tomar un buen baño caliente al final de la jornada o hacer una actividad física moderada que aumentará tu temperatura interna. O haz una pequeña sesión de sauna, con autorización de tu médico, de preferencia al final del día.
    - Mantén un ritmo regular: una hora fija para acostarte, para levantarte y para hacer una corta siesta.

¡Me comprometo definitivamente en lo positivo!

¡Ya estás en el buen camino hacia una nueva energía, la de la actitud positiva! ¡Felicitaciones! Ahora tienes a mano todas las técnicas y todas las herramientas para estimular tu pensamiento positivo pero también para mantenerlo a lo largo de toda tu vida. Para estar segura de no decaer, es el momento de fijar tus buenas resoluciones para mantener el objetivo positivo hacia tu sueño de vida. ¿Cuáles son los tres compromisos positivos que quieres adoptar?

Compromiso número 1: para obtener más positivo en mi vida:

....

Compromiso número 2: para obtener más positivo en mi vida

....

Compromiso número 3: para obtener más positivo en mi vida

....

¿Por qué no integrar en tus compromisos el de rehacer al menos tres veces por año un coaching positivo con este cuaderno para avanzar en dirección a tu sueño? ¿O para avanzar en cada pilar de vida, uno por año?

Valido mis compromisos, cortando este «post-it compromiso» y pegándolo en mi nevera.

Yo, (nombre y apellidos) ....

Me comprometo este día ....

a cumplir los 3 compromisos siguientes:

1. ....

....

2. ....

....

3. ....

....

Por mi honor, ...

Firma:

Y ahora, una última pregunta antes de volver al inicio de este cuaderno para un nuevo coaching positivo: **¿Cómo llenarías hoy este vaso de agua si representa tu visión positiva de la vida actual? ¿No te dan ganas de llenarlo... de colores?**

Agenda de direcciones

Blog de la psicología positiva para todos
Actualidades, videos, libros, televisión, prensa, creaciones, experiencias, http://terapiaybienestar.com/blog/

Páginas de la felicidad, que puedes descubrir en Internet como esta página:
https://www.recursosdeautoayuda.com/la-psicologia-de-la-felicidad/
Optimismo a partir de clubes y páginas Internet, como http://clubesdeoptimismo.org.mx/

Bibliografía

Shawn Achor, *Comment devenir un optimiste contagieux*, trad. Odile Van de Mootel, prefacio de Florence Servan. Schreiber, Belfond, col. «L'Esprit d'ouverture», 2012.

Christophe André, *Vivre heureux, Psychologie du Bonheur*, Odile Jacob, coll. «Proche Odile Jacob», 2004.

Tal Ben-Shahar, *L'apprentissage du bonheur*, Belfond, coll. «Esprit d'ouverture», 2010.

Ilona Boniwell, *Introduction à la psychologie positive*, trad. Cécile Menon. Payot, 2012.

Dalai-Lama XIV, Cutler Howard, *L'art du bonheur: sagesse et sérénité au quotidien*. Trad. Adrien Calmevent, J'ai Lu, número 5615, 2008.

Daniel Goleman, *La inteligencia emocional*, Paidós, 2004.

Sonja Lyubomirsky, *La ciencia de la felicidad*, Urano, 2008.

Lucie Mandeville, *Le bonheur extraordinaire des gens ordinaires*. Éditions de l'Homme, col». «Developpement personnel», 2011.

Cécile Neuville, *Le secret du bonheur permanent*, Leduc, S. Éditions, 2010.

Cécile Neuville, *Apprendre à lâcher prise, c'est malin!* Éditions du Quotidien Malin 2013.

Jordi Quoidbach. *Pourquoi les gens heureux vivent-ils plus longtemps*, Dunod. col., «Petites expériences de la psychologie», 2012.

Matthieu Ricard, *En defensa de la felicidad*, Urano, 2005.

Martin Seligman. La force de l'optimisme, Intereditions, col. «Techniques du développement», 2008.